Christian Solmecke

Social Media Recht

2. Auflage

Social Media Recht, 2. Auflage

ISBN: 978-3-96276-059-5

Verlag: DATEV eG, 90329 Nürnberg

Stand: August 2021

Art.-Nr.: 35481/2021-08-01

Titelbild: © Maksym Yemelyanov – www.stock.adobe.com

Druck: CPI Books GmbH, Birkstraße 10, 25917 Leck

FSC www.fsc.org MIX Papier aus verantwortungsvollen Quellen FSC® C083411

Auch als E-Book erhältlich unter ISBN: 978-3-96276-060-1

Christian Solmecke

Christian Solmecke hat sich als Rechtsanwalt und Partner der Kölner Medienrechtskanzlei WILDE BEUGER SOLMECKE auf die Beratung der Internet- und Medienbranche spezialisiert. Nachdem er selbst vor seiner Tätigkeit als Anwalt über 10 Jahre als freier Journalist und Radiomoderator (u. a. für den Westdeutschen Rundfunk) arbeitete, berät er nun zahlreiche Journalisten und Medienschaffende.

Neben seiner Kanzleitätigkeit ist Herr Christian Solmecke Lehrbeauftragter der Fachhochschule Köln für Social Media und Recht sowie Geschäftsführer des Deutschen Instituts für Kommunikation und Recht im Internet an der Cologne Business School (*www.dikri.de*). Dort beschäftigt er sich insbesondere mit den Rechtsfragen in Sozialen Netzen. Christian Solmecke selbst ist stark in den sozialen Netzen vertreten und interagiert über seinen YouTube-Kanal mit über 800.000 Abonnenten. Die

Facebook-Seite der Kanzlei gehört zu den größten Social Media- Informationsangeboten zu Rechtsthemen in Deutschland.

Direktkontakt zum Autor: Haben Sie Fragen zu den Themen in diesem Buch? Dann scheuen Sie nicht, den Autor direkt zu kontaktieren. Per Mail (*info@wbs-law.de*), Telefon (0221/9515630) oder Facebook (*facebook.com/solmecke*).

Editorial

Soziale Netzwerke boomen. Immer mehr Menschen nutzen Facebook, Instagram, YouTube, TikTok, Twitter und Co., um sich mit ihren Freunden und Bekannten auszutauschen und Inhalte zu teilen. Facebook als größtes soziales Netzwerk der Welt hat mittlerweile rund 2,9 Milliarden aktive Nutzer (Stand Sommer 2021) – doppelt so viele wie noch vor 6 Jahren. Täglich werden dort Millionen von Fotos, Texten und Videos gepostet, geteilt, verlinkt und geliked. Ebenfalls hoch im Kurs ist seit einiger Zeit die Fotoplattform Instagram mit mehr als einer Milliarde aktiver Konten weltweit (Stand Oktober 2020) sowie das Soziale Netzwerk TikTok.

Diese Entwicklung führt natürlich auch dazu, dass sich immer häufiger rechtliche Probleme im Zusammenhang mit der Nutzung sozialer Netzwerke ergeben. Dabei können unterschiedlichste Rechtsgebiete betroffen sein, wie etwa das Urheberrecht, Persönlichkeitsrecht oder Arbeitsrecht. Auch für viele Selbstständige und Unternehmen ist eine aussagekräftige Präsenz in den sozialen Netzwerken Pflicht, um Kontakt zu Kunden zu pflegen oder Werbung zu betreiben.

Zielgruppe

Dieses Buch richtet sich in erster Linie an Personen, die beruflich in sozialen Netzwerken unterwegs sind. Auch für Social Media-Agenturen, PR-Agenturen, Social Media-Manager oder Werbeagenturen ist es wichtig, die rechtlichen Grundlagen der Nutzung von Social Media bei Ihrer Arbeit vor Augen zu haben. Denn die Bereiche, in denen soziale Netzwerke eine Rolle spielen, werden immer vielfältiger und damit auch rechtlich komplizierter.

Aber auch für private Nutzer von sozialen Netzwerken sind die in diesem Buch dargestellten Rechtsfragen von Bedeutung. Denn Facebook und Co. sind längst kein rein privater Raum mehr. Daher sollten auch private Nutzer die wichtigsten rechtlichen Regelungen beachten.

Juristische Vorkenntnisse werden für dieses Buch nicht vorausgesetzt. Aus diesem Grund wurde auf Verweise auf rechtswissenschaftliche Literatur bewusst verzichtet. Gleichwohl richtet es sich auch an interessierte Anwaltskollegen und Unternehmensjuristen, die mit dem Thema Social Media und Recht bislang noch nicht in Kontakt gekommen sind. Natürlich kann durch das Lesen dieses Buches der Gang zum Anwalt und dessen rechtliche Beratung nicht ersetzt werden.

Aufbau und Inhalte

Der Aufbau des Buches orientiert sich an den Phasen der Entwicklung eines Social Media-Projektes sowie den Rechtsgebieten, die bei einem solchen Projekt relevant werden können. Von der Einrichtung des Profils, über die rechtlichen Grundlagen im laufenden Betrieb, Werbeaktionen bis hin zu arbeitsrechtlichen Aspekten, der Haftung für Rechtsverstöße und dem prozessualen Vorgehen in der Praxis sollen alle wesentlichen Rechtsprobleme im Zusammenhang mit einem Social Media-Projekt abgedeckt werden.

In ▸*Kapitel 1* wird dargestellt, welche rechtlichen Fallstricke bei der Einrichtung eines Social Media-Accounts lauern. Welchen Account-Namen darf man wählen? Wann braucht man ein Impressum und wie muss dieses aussehen? Worauf muss man bei den Allgemeinen Geschäftsbedingungen der Social Media-Plattform achten?

▸*Kapitel 2* widmet sich den vielfältigen Rechtsfragen, die beim täglichen Betrieb der Social Media-Präsenz entstehen. Insbesondere geht es dabei um Urheber- und Persönlichkeits- rechte. Wie gewinne ich Follower oder Fans und betreibe über soziale Netzwerke rechtskonforme Werbeaktionen? Diese Fragen werden in ▸*Kapitel 3* behandelt.

In ▸*Kapitel 4* geht es um rechtliche Fragestellungen im Zusammenhang mit sozialen Netzwerken und dem Arbeitsrecht. Dürfen Arbeitnehmer soziale Netzwerke während der Arbeitszeit nutzen? Welche arbeitsrechtlichen Konsequenzen drohen bei Postings, in denen der Chef beleidigt wird?

▸*Kapitel 5* behandelt die Frage, wer für Rechtsverletzungen auf einem Social Media-Account haften muss. Haftet der Betreiber auch für die Postings der Fans? Gibt es eine Haftung für Links?

In ▸*Kapitel 6* wird dargestellt, was eine Abmahnung ist und welche Reaktionsmöglichkeiten der Abgemahnte hat. Auch die Bezüge zum gerichtlichen Rechtsschutz – dem einstweiligen Verfügungsverfahren und dem Klageverfahren – werden erläutert.

Ziel des Buches ist es, den Leser in die Lage zu versetzen, eine rechtssichere Social Media-Präsenz aufzubauen und zu betreiben. Dennoch ist es gerade im Bereich des Internetrechts wichtig, auf dem Laufenden zu bleiben. Es gibt ständig neue Urteile oder Gesetze, die zu beachten sind. Aktuelle Rechtsnachrichten aus dem Bereich des Internetrechts gibt es auf *www.wbs-law.de* oder im YouTube-Kanal *www.wbs-law.tv*.

Zur vertieften Lektüre für Social Media Manager & Marketeers empfehlen sich zudem die im Rheinwerk Verlag erschienenen Bücher „Recht im Social Web“ und „Recht im Online Marketing“ (*www.rheinwerk-verlag.de/recht-im-online-marketing-so-schuetzen-sie-sich-vor-fallstricken-und-abmahnungen/*), welche ebenfalls von Rechtsanwalt Christian Solmecke verfasst wurden.

Nun wünsche ich Ihnen aber erst einmal viel Spaß mit der Lektüre dieses Buches und gutes Gelingen mit Ihrer Social Media-Präsenz!

Köln, im August 2021 *Christian Solmecke*

Inhalt

1 Startphase

Die wichtigsten Fallstricke beim Aufbau einer Social Media Plattform

Ein Facebook-Profil oder ein Twitter-Account sind schnell und einfach erstellt. Doch vorher muss eine Strategie her. Dazu sollten Sie sich zunächst entscheiden, welches Netzwerk für das jeweilige Projekt das Beste ist. Dabei kommt es z. B. darauf an, welches Publikum erreicht werden soll und welche Inhalte über das Netzwerk verbreitet werden. Für die Verbreitung von Videos eignet sich YouTube, für Fotos eignen sich Instagram oder Pinterest, für Kurzmeldungen Twitter und für Inhalte aller Art Facebook. Wichtig ist dabei auch, welche Möglichkeiten zur Ansprache von potenziellen Kunden bestehen. Sollen Werbeanzeigen gebucht werden? Oder sollen die Nutzer selbst die Botschaften des Unternehmens weiterverbreiten (Stichwort: virales Marketing)? Diese strategischen Entscheidungen sollten gut durchdacht werden. Gegebenenfalls kann dabei die Beratung durch eine Social Media-Agentur oder einen Social Media-Manager hilfreich sein.

Dabei können Sie sich auch bewusst dafür entscheiden, in einem oder mehreren Netzwerken keinen Account zu haben. Sagt Ihnen beispielsweise die Plattform Facebook nicht zu, dann müssen Sie auch nicht dulden, dass ohne Ihre Zustimmung für Ihr Unternehmen eine Seite generiert wird. Denn wie das LG Hamburg am 13.02.2020 entschieden hat, hat ein Unternehmer auch ein Recht darauf, nicht mit Facebook in Verbindung gebracht zu werden.

Bei den sozialen Netzwerken, wo Sie jedoch einen Account betreiben möchten, sollten Sie die folgenden rechtlichen Aspekte beachten.

1.1 Wahl des Account-Namens

Hat man sich für eine Plattform entschieden, stellt sich als nächstes die Frage welchem Namen das Profil geführt werden soll. Der Name des Profils ist von großer Bedeutung, da er der Auffindbarkeit des Profils dient (Beispiel: *www.facebook.com/NAME*).

In erster Linie bietet es sich natürlich an, den (Marken-)Namen des Produktes oder der Dienstleistung des Unternehmens zu wählen. In manchen Fällen macht es auch Sinn, direkt den Namen des Unternehmens zu wählen.

Grundsätzlich gilt das Prinzip „Wer zuerst kommt, mahlt zuerst." Wenn also bereits ein Profil unter einem Namen registriert ist, ist es nicht möglich, ein weiteres Profil unter dem gleichen Namen anzulegen. Dieses Prioritätsprinzip gilt jedoch nur, soweit nicht die Rechte Dritter verletzt werden.

Beispiel: **Vergebener Markenname**

Der Markenname, unter dem Sie Ihre Produkte vertreiben, ist bereits als Profilname bei Facebook registriert. Der Account wird dabei von einer Firma genutzt, die keine Markenrechte an dem Accountnamen hat. In diesem Fall haben Sie als Markeninhaber ein „besseres Recht" an dem Accountnamen. Sie können daher Ansprüche aus dem Markengesetz gegen den Inhaber des Accounts mit dem von Ihnen geschützten Namen geltend machen und verlangen, dass dieser es unterlässt, eine Facebook-Seite unter diesem Namen zu betreiben. Darüber hinaus macht es auch Sinn, die Seite bei Facebook zu melden und eine Verletzung der eigenen Markenrechte geltend zu machen. Facebook tritt dann mit dem ursprünglichen Accountinhaber in Kontakt und löscht gegebenenfalls auch den Account.

Beispiel: **Account-Löschung nach Markenrechtsverletzung**

Facebook löschte im Jahr 2012 unangekündigt die Facebook-Seite der Stadt München, die unter der Bezeichnung „München" geführt wurde. Alle 400.000 Fans der Seite waren weg. Das Argument: Die Bezeichnung sei zu allgemein und verstoße daher gegen die Richtlinien. Heute betreibt die Stadt München eine neue Seite mit dem Namen „München.de". Die Facebook-Fans mussten die Betreiber neu gewinnen.

Daneben sind bei der Wahl des Accountnamens auch die Vorgaben der Plattformen zu beachten. Bei Facebook hat auf seiner Seite Leitlinien zur Benennung von Seiten veröffentlicht und sich dabei auch erläutert, was genau nicht erlaubt ist (*www.facebook.com/help/519912414718764/?helpref=uf_share*). Ein Dorn im Auge ist Facebook danach beispielsweise

- Grammatikalisch inkorrekte Großschreibung,
- Namen, die nur aus Großbuchstaben bestehen,

- überflüssigen Zeichen oder Symbole oder
- Begriffe und Ausdrücke, die möglicherweise beleidigend sind oder gegen Rechte Dritter verstoßen.

Andere Plattformen haben ähnlich detaillierte Vorgaben zur Benennung des Accounts. Verstöße gegen diese Richtlinien können zur Folge haben, dass der mühsam aufgebaute Account plötzlich und ohne Vorwarnung gelöscht wird. Ob dies aus rechtlicher Sicht zulässig ist, ist fraglich, wurde jedoch bislang nicht gerichtlich entschieden.

Daher ist auf jeden Fall zu empfehlen, die Vorgaben der jeweiligen Plattform bei Benennung des Accounts zu berücksichtigen. Ansonsten besteht die Gefahr, dass der Account wegen Verstoßes gegen die Plattformrichtlinien gesperrt oder gar gelöscht wird. Wer davon zu Unrecht betroffen ist und für den sein Account von hoher Bedeutung ist, der sollte sich mit Hilfe eines Anwalts dagegen wehren. Denn dieser kann dann die Plattform zunächst zum Speichern der Daten auffordern, um den Verlust derselben zu verhindern. Anschließend ist es meistens notwendig, gegen die Plattform gerichtlich vorzugehen, um eine Wiederherstellung des Kontos zu erreichen.

1.2 Impressumspflicht

1.2.1 Wer braucht ein Impressum?

Das Impressum dient dazu, den Verantwortlichen einer Internetseite identifizieren zu können. Bei rechtlichen Streitigkeiten soll es möglich sein, den Anspruchsgegner zu bestimmen. Dies verbessert die Rechtssicherheit und den effektiven Rechtsschutz im Internet.

Auch für Social Media-Profile kann eine Impressumspflicht bestehen. Sie sind nämlich als eigenständige Telemedienangebote anzusehen. Anbieter eines Social Media-Accounts ist also nicht der Betreiber der Plattform, sondern der Betreiber des jeweiligen Accounts. Werden also beispielsweise auf dem Account die Rechte Dritter oder andere rechtliche Regelungen wie zum Beispiel solche aus dem Wettbewerbsrecht verletzt, dann können die Betroffenen sich an die im Impressum genannte Firma bzw. Person wenden und ihr gegenüber ggf. rechtliche Ansprüche geltend machen.

In sozialen Netzwerken ist ein Impressum immer dann erforderlich, wenn der Account geschäftsmäßig genutzt wird oder dort journalistisch-redaktionelle Inhalte bereitgestellt werden (§ 5 Telemediengesetz – TMG, § 18 Medienstaatsvertrag – MStV).

Eine „geschäftsmäßige" Nutzung liegt auf jeden Fall dann vor, wenn der Account zu kommerziellen Zwecken oder mit Gewinnerzielungsabsicht genutzt wird. Rein private Social Media-Accounts unterliegen hingegen nicht der Impressumspflicht. Auch bei der Berufsplattform XING gehen die Gerichte davon aus, dass Nutzer von Berufsplattformen kein eigenständiges Telemedium anbieten würden, da die Plattform angesichts der nicht veränderbaren Kategorien zu wenig Individualisierungsspielraum bereithalte. Folglich müssen sie auch kein Impressum bereithalten (OLG Stuttgart (Az. 2 U 95/14)).

Schwieriger ist die Abgrenzung bei Accounts von bekannten Persönlichkeiten (Schauspieler, Sportler etc.). Wenn es sich dabei um öffentlich zugängliche Accounts handelt, wird man wohl von einer geschäftsmäßigen Nutzung ausgehen müssen. Der Account dient dann dazu, die Bekanntheit oder Beliebtheit der Person zu steigern und somit mittelbar auch dazu, Geschäftsbeziehungen zu begründen bzw. Produkte zu verkaufen.

Die Impressumspflicht besteht auch, wenn auf dem Account journalistisch-redaktionell gestaltete Inhalte bereitgehalten werden – §18 MStV). Das bedeutet, es muss sich um ein presseähnliches Angebot handeln, z. B. eine Online-Zeitung. Auch YouTube-Accounts können journalistisch-redaktionell gestaltet sein, insbesondere wenn dort regelmäßig Videos veröffentlicht werden.

1.2.2 Welche Angaben gehören in ein Impressum?

Die Informationen, die im Impressum genannt werden müssen, sind in § 5 TMG genannt. Danach müssen insbesondere folgende Angaben enthalten sein:

- Name und Anschrift des Dienstanbieters, bei juristischen Personen zusätzlich die Rechtsform der Gesellschaft und die Vertretungsberechtigten,
- Telefon- und Faxnummer, E-Mail-Adresse (ein Kontaktformu. a. statt einer E-Mail-Adresse ist nicht ausreichend,
- soweit vorhanden Angaben zur zuständigen Aufsichtsbehörde (z. B. bei Anwälten, Ärzten, Gastronomiebetrieben),
- soweit vorhanden Angaben zur Registerbehörde (z. B. Handelsregister oder Vereinsregister),
- soweit erforderlich berufsrechtliche Angaben (nur bei regulierten Berufen wie Ärzten, Anwälten etc.),

- soweit vorhanden die Umsatzsteuer-Identifikationsnummer,
- bei Kapitalgesellschaften (AG, GmbH) – soweit zutreffend – Angabe zur Liquidation/Abwicklung der Gesellschaft.

Die im Impressum erforderlichen Angaben können also sehr unterschiedlich sein.

Werden auf dem Social Media-Account journalistisch-redaktionell gestaltete Inhalte bereitgehalten, ist zusätzlich eine inhaltlich verantwortliche Person zu benennen § 18 MStV). Diese Person muss u. a. voll geschäftsfähig sein und ihren Wohnsitz im Inland haben.

Zusätzlich zur Anbieterkennzeichnung gibt es möglicherweise weitere Informationspflichten zu beachten, die innerhalb eines Impressums umgesetzt werden können. Dies umfasst zum einen den Hinweis auf die EU-Online-Streitbeilegungs-Plattform (OS-Plattform), zu dem alle Unternehmer verpflichtet sind, die online direkt den Erwerb von Produkten oder Dienstleitungen anbieten, nachkommen. Sind Sie davon betroffen, müssen Sie zwingend den Link *ec.europa.eu/consumers/odr/* und die E-Mail-Adresse angeben. Zum anderen kann im Rahmen des Impressums auch der Pflicht zum Hinweis auf Streitbeilegungsverfahren nachkommen. Denn nach § 36 des Verbraucherstreitbeilegungsgesetzes (VSBG) hat ein Online-Händler, der eine Webseite unterhält oder Allgemeine Geschäftsbedingungen verwendet, seit dem 01.02.2017 den Verbraucher außerdem leicht zugänglich, klar und verständlich in Kenntnis davon zu setzen,

- inwieweit er bereit ist oder verpflichtet ist, an Streitbeilegungsverfahren vor einer Verbraucherschlichtungsstelle teilzunehmen, und
- auf die zuständige Verbraucherschlichtungsstelle hinzuweisen, wenn sich der Unternehmer zur Teilnahme an ei-

nem Streitbeilegungsverfahren vor einer Verbraucherschlichtungsstelle verpflichtet hat oder wenn er auf Grund von Rechtsvorschriften zur Teilnahme verpflichtet ist.

Wer bei Erstellung des Impressums Hilfe benötigt, kann auf den kostenlosen „Rechtstexter" zurückgreifen, den die Kanzlei WILDE BEUGER SOLMECKE in Kooperation mit Trusted Shops entwickelt hat (*legal.trustedshops.com/produkte/rechtstexter*). Um zu prüfen, ob die eigene Webseite abmahngefährdet ist, kann zudem das Tool „Abmahncheck" genutzt werden.

Diese Tools ersetzen natürlich nicht die individuelle Rechtsberatung durch den Anwalt, können jedoch erste Anhaltspunkte für einen möglichen Rechtsverstoß liefern.

Abmahncheck unter *www.wbs-law.de/abmahncheck/*.

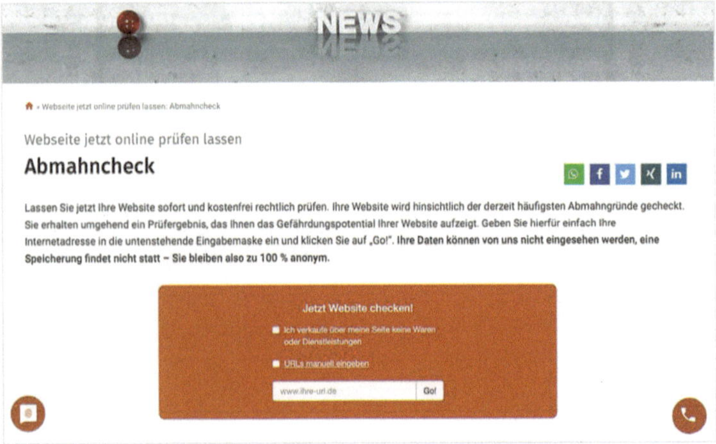

1.2.3 Einbindung des Impressums

Das Gesetz schreibt vor, dass das Impressum „leicht erkennbar", „unmittelbar erreichbar" und „ständig verfügbar" gehalten werden muss. Was dies für den Fall sozialer Netzwerke bedeutet, konkretisierte der BGH (Urteil vom 20.07.2006 – I ZR 228/03) dahingehend, dass es anderen Nutzern möglich sein muss, die Anbieterkennzeichnung über **zwei Klicks** zu erreichen. Daneben ist eine Verlinkung auf das Impressum einer (Unternehmens-)Website ebenfalls ausreichend, wenn deutlich wird, dass dieses Impressum auch für die Facebook-Seite gelten soll.

Wichtig ist, dass das Impressum auch dann abrufbar ist, wenn die Webseite mit einem Smartphone aufgerufen wird. Der Betreiber kann sich nicht damit entlasten, dass das Impressum in diesem Fall aus technischen Gründen nicht abrufbar ist.

Da an dem Design der Plattformen keine Änderungen vorgenommen werden können, muss der Nutzer mit den Möglichkeiten arbeiten, die ihm zur Verfügung stehen. Eine Vielzahl von Plattformen hat sich diesem Problem angenommen und hält eigene Spaten für die Anbieterkennzeichnung bereit. Dort kann man dann auch eine Verlinkung zur Website mit dem vollständigen Impressum vornehmen.

Beispiel: Impressum auf der Facebook-Seite der Kanzlei WBS

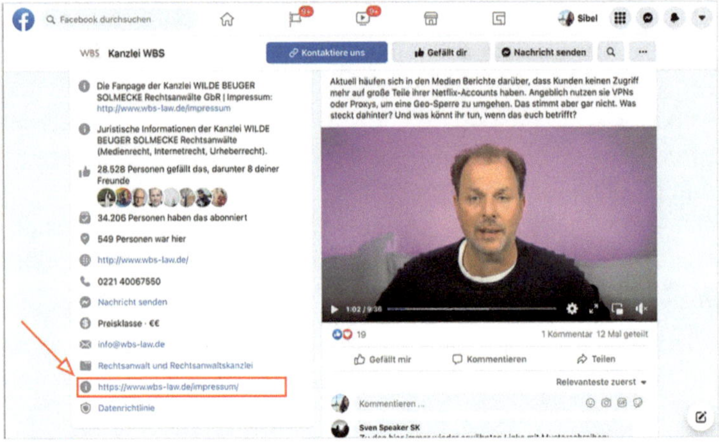

Beispiel: Impressum auf dem YouTube-Kanal der Kanzlei WBS

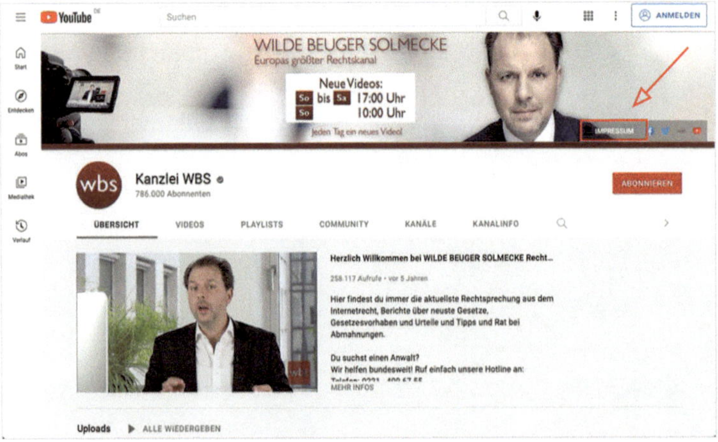

Beispiel: Impressum auf dem XING-Account von Christian Solmecke

1.2.4 Folgen eines Verstoßes gegen die Impressumspflicht

Ein Verstoß gegen die Impressumspflicht liegt vor, wenn ein Anbieter

- ein Impressum braucht, jedoch keines hat,
- das Impressum nicht „leicht erkennbar", „unmittelbar erreichbar" und „ständig verfügbar" ist oder
- eine Pflichtangabe im Impressum fehlt.

Dieser Verstoß kann von der Aufsichtsbehörde mit einem Bußgeld von bis zu 50.000 Euro geahndet werden. Ein derart hohes Bußgeld kommt in der Praxis jedoch fast nie vor.

Die häufigste Folge eines Verstoßes gegen die Impressumspflicht ist eine wettbewerbsrechtliche Abmahnung. Der Verstoß gegen die Impressumspflicht ist nämlich gleichzeitig auch ein Verstoß gegen Wettbewerbsrecht. Mitbewerber können daher einen solchen Verstoß abmahnen, eine einstweilige Verfügung beantragen oder eine wettbewerbsrechtliche Unterlassungsklage erheben.

In der Regel erfolgt jedoch zunächst eine Abmahnung. Der Anbieter wird sodann aufgefordert, sein Impressum so umzugestalten, dass es den gesetzlichen Anforderungen genügt. Außerdem ist er verpflichtet, eine sog. strafbewehrte Unterlassungserklärung abzugeben. Darin verpflichtet er sich vertraglich, in Zukunft ein Impressum einzubinden, das den gesetzlichen Anforderungen entspricht.

1.3 Urheberrechtliche Rechteeinräumung durch die Plattform-AGB

Bei Eröffnung eines Accounts in einem sozialen Netzwerk muss jeder Nutzer den Allgemeinen Geschäftsbedingungen (AGB) zustimmen. Diese Bedingungen regeln dann das Rechtsverhältnis zwischen Plattformbetreiber und Nutzer.

Vor der Eröffnung eines Accounts sollten die AGB des jeweiligen Netzwerkes daher eingehend geprüft werden. Auf die besonders zu beachtenden Inhalte der AGB, z. B. die Vorgaben zur Benennung der Facebook-Seite, zur Nutzung sozialer Netzwerke zu Marketingzwecken oder zur Veranstaltung eines Gewinnspieles, wird an der jeweiligen Stelle eingegangen.

Von besonderer Bedeutung schon bei Eröffnung des Accounts sind die Klauseln zur Einräumung von urheberrechtlichen Nutzungsrechten an den hochgeladenen Inhalten. Fast jedes soziale Netzwerk hat hierzu eine Regelung in den AGB getroffen.

Beispiel: **Facbeook Nutzungsbedingungen** (Stand: August 2021)

Ziff. 3.1.:

„Insbesondere wenn du Inhalte, die durch geistige Eigentumsrechte geschützt sind (wie Fotos oder Videos), auf oder in Verbindung mit unseren Produkten teilst, postest oder hochlädst, gewährst du uns eine nicht-exklusive, übertragbare, unterlizenzierbare und weltweite Lizenz, deine Inhalte (gemäß deinen Privatsphäre- und App- Einstellungen) zu hosten, zu verwenden, zu verbreiten, zu modifizieren, auszuführen, zu kopieren, öffentlich vorzuführen oder anzuzeigen, zu übersetzen und abgeleitete Werke davon zu erstellen. Diese Lizenz dient nur dem Zweck, dir unsere Produkte bereitzustellen. Das bedeutet beispielsweise, dass du uns, wenn du ein Foto auf Facebook teilst, die Berechtigung gibst, es zu speichern, zu kopieren und mit anderen zu teilen (wiederum im Einklang mit deinen Einstellungen); dies können u. a. Dienstleister sein, die unseren Dienst oder andere von dir genutzte Facebook-Produkte unterstützen."

Die Klauseln sehen also die Einräumung recht umfangreicher Nutzungsrechte vor. Jedoch können diese Klauseln theoretisch auch unwirksam sein. Ihre Wirksamkeit ist an den Regelungen des AGB- Rechts (§§ 305 ff. BGB) zu messen. In der Vergangenheit mussten sich daher Gerichte mit der Wirksamkeit solcher umfassenden Rechteeinräumungsklauseln beschäftigen und haben diese je nach Formulierung auch schon für rechtswidrig befunden (LG Berlin, Urt. v. 06.03.2012 – 16 O 551/10 oder auch KG Berlin, Urt. v. 24.01.2014 – 5 U 42/12)

Beispiel: **YouTube Nutzungsbedingungen** (Stand: August 2021)

„Lizenz an YouTube

Durch das Einstellen von Inhalten in den Dienst räumen Sie YouTube und seinen verbundenen Unternehmen (unter anderem YouTube LLC, Google LLC und Google Commerce Limited) das weltweite, nicht-exklusive, kostenfreie Recht ein, diese Inhalte zu nutzen (einschließlich ihres Hosting, ihrer öffentlichen Zugänglichmachung, Vervielfältigung, Verbreitung, Änderung, Anzeige und Wiedergabe, jeweils unter Beachtung der Urheberpersönlichkeitsrechte), ausschließlich zum Zweck der Erbringung und Verbesserung des Dienstes (auch durch die Inanspruchnahme von Dienstleistern) und lediglich in dem dafür nötigen Umfang.

Lizenz an andere Nutzer

Sie gewähren auch jedem anderen Nutzer des Dienstes das weltweite, nicht-exklusive, kostenfreie Recht, im Rahmen des Dienstes auf Ihre Inhalte zuzugreifen und diese nutzen zu können (einschließlich der Vervielfältigung, Verbreitung, Änderung, Anzeige und Wiedergabe, jeweils unter Beachtung der Urheberpersönlichkeitsrechte), soweit dies erforderlich ist und durch Funktionen des Dienstes ermöglicht wird."

Auch die AGB von YouTube sehen eine sehr umfangreiche Rechteeinräumung vor, die dabei sogar nicht nur die Plattform begünstigt, sondern auch andere Nutzer. Gerichtliche Entscheidungen zur Wirksamkeit dieser Klausel liegen jedoch noch nicht vor.

Bislang ist noch nicht abschließend geklärt, ob soziale Netzwerke die dort hochgeladenen Inhalte entsprechend der Formulierung in den Nutzungsbedingungen auch außerhalb des Netzwerkes verwenden dürften, z. B. für als Werbung für ihr Netzwerk.

Fazit: Vor Eröffnung eines Accounts in einem sozialen Netzwerk sollten die AGB des jeweiligen Netzwerkes geprüft werden, insbesondere im Hinblick auf die Klauseln zur Rechteeinräumung. Es sollte zudem auch stets geprüft werden, ob für die Inhalte, die auf dem Account hochgeladen werden sollen, auch die erforderlichen Nutzungsrechte bestehen (hierzu ▸*Kapitel 2.1.4*).

2 Grundlagen

Rechtliche Grundlagen der Nutzung von Social Media

Soziale Netzwerke sind aus dem Alltag der Menschen und Unternehmen längst nicht mehr wegzudenken. Waren gerade Unternehmen anfangs noch eher skeptisch und haben für den digitalen Auftritt auf die Webseite gesetzt, ist nun allen klar, dass um die sozialen Netzwerke nicht nur kein Weg vorbei geht. Vielmehr ist immer mehr Unternehmen klar, dass in den sozialen Netzwerken ein enormes Potential zur Vermarktung der eigenen Produkte und Dienstleistungen liegt. Nirgendwo ist man dem potentiellen Kunden so nah wie im Social Web. Inhalte auf Facebook oder Instagram posten, Videos auf YouTube hochladen oder eine kurze Nachricht an die Follower per Twitter versenden gehört daher zu den täglichen Aktivitäten in Unternehmen.

Allerdings ist hierbei Vorsicht geboten – schnell kann es durch den vermeintlich harmlosen „Post“ zu einer Rechtsverletzung kommen. Daher ist den Unternehmen, die sich mittels Social Media der Öffentlichkeit präsentieren wollen, zu raten, sich im Vorfeld eingehend mit den rechtlichen Aspekten zu befassen und im Zweifel Unterstützung durch einen Rechtsanwalt zu nutzen. Gerade in sehr komplexen Fällen können durch die einzelfallgerechte Beratung eines Rechtsanwaltes Rechtsverletzungen vermieden werden. Denn diese können neben kostspieligen Rechtsstreitigkeiten auch negative Publicity mit sich bringen und im Zweifel Ihren guten Ruf ruinieren. Schließlich ist beispielsweise ein medienwirksamer Shitstorm gegen Ihr Unternehmen viel gravierender als eine noch relativ kostengünstige Abmahnung durch einen Konkurrenten, die so erstmal intern bleibt. Um dies zu verhindern, nun die wichtigsten Grundkenntnisse zu den relevanten Rechtsbereichen.

2.1 Urheberrecht

Dreh- und Angelpunkt bei allen Handlungen in sozialen Netzwerken sind die Rechte anderer Personen, den Dritten, die an verschiedenen Stellen durch den Gesetzgeber geschützt werden. Eines der wichtigsten Rechte stellt dabei das Urheberrecht dar. Dieses findet seine gesetzliche Verankerung im Urheberrechtsgesetz. Dort finden sich unter anderem Regelungen dazu, wer Urheber ist und somit Schutz genießt, was genau unter den Schutzbereich des Urheberrechts fällt und wie der Verletzte, also der Urheber, im Falle eines Rechtsverstoßes gegen die Verletzung seiner Rechte vorgehen kann.

2.1.1 Das Urheberrechtsgesetz – Was ist geschützt?

Das Gesetz schützt denjenigen, der gemäß § 2 UrhG eine „persönliche geistige Schöpfung“, die dem Gebiet der Literatur, Wissenschaft oder Kunst geschaffen hat. Das Merkmal „persönliche geistige Schöpfung“ setzt dabei voraus, dass das Werk von einem Menschen geschaffen wurde. Es bedarf, damit ein Werk unter den Schutzbereich des Urheberrechtsgesetzes fällt, einer sog. „schöpferischen Eigentümlichkeit und Individualität menschlicher Leistung“. Der Einsatz technischer Hilfsmittel ist dabei unproblematisch, solange das Werk aufgrund menschlicher Steuerung der Technik entsteht. Wird die Technik hingegen ohne menschliches Zutun tätig, so fällt das am Ende des Prozesses entstandene Werk nicht unter den Schutzbereich des Urheberrechtsgesetzes. Die bloße Idee als solche ist nicht vom Schutzbereich des Urheberrechtsgesetzes geschützt. Vielmehr bedarf es irgendeiner Art der Umsetzung. Im Einzelfall ist häufig schwierig zu beurteilen, ob ein bestimmtes Werk die sogenannte „Schöpfungshöhe“ erreicht hat, um unter den gesetzlichen Schutzbereich zu fallen. Dies ist grundsätzlich ein Problem und wird gerade in den sozialen Netzwerken mit den häufig eher kurzen und beiläufig erstellten Beiträgen nicht einfacher. Denn auch Ihre Beiträge in sozialen Netzwerken können urheberrechtlichen Schutz genießen. Gerade bei kurzen Posts oder Tweets auf Twitter ist aber fraglich, ob tatsächlich schon von einer eigentümlichen, individuellen Schöpfung die Rede ist. Pauschal beurteilen lässt sich das nicht. Vielmehr muss hier ein konkreter Blick auf den Einzelfall geworfen werden. Twittern Sie beispielsweise ein von Ihnen verfasstes Gedicht, werden die Anforderungen an den urheberrechtlichen Schutz in der Regel erfüllt erfüllt sein. Bei einfachem „zwitschern“ von Kurznachrichten muss dies hingegegen im Zweifel ein Rechtsanwalt oder gar ein Gericht entscheiden.

Beispiel: **Schutz von Twitter-Kurznachrichten**

Dieser Tweet ist nicht urheberrechtlich geschützt.

2.1.2 Posten, Teilen, Verlinken – was ist erlaubt?

Im Rahmen der Nutzung sozialer Medien wie Instagram, Facebook, Twitter oder YouTube ist nahezu wesentlicher Bestandteil das Posten, Teilen und Verlinken bestimmter Inhalte auf der eigenen oder fremden Seite. Schnell wird durch einen Klick den eigenen Followern/Freunden der Inhalt fremder Seiten präsentiert – meist ohne zu bedenken, ob dies so ohne weiteres überhaupt rechtlich erlaubt ist.

Es können natürlich eigene Texte, Fotos u. ä. durch einen Post auf dem eigenen Account veröffentlicht werden. Möchten Sie hingegen Inhalte einer anderen Person, die sie beispielsweise auf seiner Timeline auf Facebook oder dem Profil auf Instagram gesehen haben, über Ihren eigenen Kanal veröffentlichen oder diesen teilen, so ist dies grundsätzlich nur mit der Einwilligung dieser Person zulässig. Andernfalls kann es sich um eine Urheberrechtsverletzung handeln.

Die Einwilligung kann dabei ausdrücklich oder konkludent, also durch schlüssiges Handeln, erfolgen. Ob eine konkludente Einwilligung vorliegt, ist anhand einer individuellen Einzelfallbetrachtung zu ermitteln. In einigen Fällen kann dies offensichtlich sein, wenn z. B. zum Ausdruck kommt, dass ein Verbreiten des Inhaltes erwünscht ist. Grundsätzlich wird dies jedoch nicht so eindeutig festzustellen sein. Im Zweifelsfalle sollte daher ein Rechtsanwalt konsultiert werden, um kostspieligen Rechtsstreitigkeiten vorzubeugen. Sollte es letztlich zu einer Rechtsverletzung kommen, so stellt sich die Frage, wer unter welchen Bedingungen haftet (▸*Kapitel 5*).

2.1.3 Framing – Ist das Einbinden von fremden Inhalten legal?

Auch innerhalb der Rechtsprechung lange Zeit umstritten war die rechtliche Lage beim sog. „Framing". Beim „Framing" wird ein fremder Inhalt – beispielsweise ein Video – einer beliebigen Internetseite auf einer anderen Plattform eingebunden und bereitgestellt. Somit unterscheidet sich das Framing vom Setzen eines Hyperlinks also dadurch, dass nicht nur auf einen Inhalt verwiesen wird, sondern dieser direkt auf der Internetseite abgerufen werden kann.

Beispiel: Eingebundenes YouTube-Video im Blog

Was sich im Alltag der Nutzung sozialer Netzwerke als durchaus üblich darstellt, hat rechtlich schon so einige Gerichte national und auf europäischer Ebene beschäftigt. Konkret kam immer wieder die Frage auf, ob beim „Retweet" eines Postings auf Twitter oder beim Teilen eines YouTube-Videos in einem Blog oder über den Facebook-Share-Button dieser im Wege des Framings vervielfältigt und/oder öffentlich zugänglich gemacht bzw. wiedergegeben wird. Denn diese Handlungen stehen exklusiv dem Urheber des ursprünglichen Beitrags zu. Die Gerichte verneinten dies. Denn nach Auffassung des BGH (GRUR 2018, 178 ff.) behält derjenige, der den Inhalt erstmals hochgeladen hat, auch die Kontrolle darüber, ob das Werk weiterhin zugänglich gemacht wird. Auch der EuGH (C-348/13, ECLI:EU:C:2014:2315) nimmt an, dass das Einbetten eines fremden Inhalts keine öffentliche Wiedergabe darstellt, wenn die Wiedergabe des betreffenden Werkes weder für ein neues Publikum noch nach einem anderen technischen Verfahren erfolgt. Denn unter diesen Bedingungen sei davon auszugehen, dass der Ersthochladende mit dem Insnetzstellen des Inhalts eine Erlaubnis an alle Internetnutzer erteilt hat. Anders ist dies dann zu sehen, wenn das Werk, das im Wege des „Framing" eingebunden wurde, auch schon beim ersten Upload ohne Zustimmung des Rechteinhabers im Internet zugänglich gemacht wurde.

Neben der Frage, ob das Teilen eines Beitrags eine eigenständige urheberrechtlich relevante Handlung darstellt, wurde auch darüber diskutiert, ob mit der bloßen Ermöglichung des Teilens durch den Erstveröffentlicher – zum Beispiel über den Facebook-Share-Button- konkludent Nutzungsrechte an dem Inhalt eingeräumt werden. Das LG Frankfurt a.M. (ZUM-RD 2015, 201) entschied, dass jedenfalls dann eine Urheberrechtsverletzung vorliege, wenn nicht lediglich die Share-Funktion bedient, sondern der gesamte Text vollständig in einen eigenen Facebook-Post kopiert werde. Letztlich muss immer im Hinterkopf behalten werden, dass Inhalte in sozialen Netzwerken im Unterschied zu Inhalten auf herkömmlichen Websites auf eine virale Weiterverbreitung ausgerichtet sind. Der Nutzer erklärt sich durch das Hochladen konkludent damit einverstanden, dass der Inhalt „geteilt" wird, andernfalls wäre der Zweck des sozialen Netzwerks in Frage zu stellen. Dies gilt insbesondere dann, wenn der Urheber Inhalte im Social Web frei zugänglich macht, also auf „öffentlich" stellt, da er dann mit den nach den Umständen üblichen Nutzungshandlungen rechnen muss. Und dazu zählt im Social Web nun auch das „Teilen“ oder „Retweeten“ von Inhalten. Anders sieht die Rechtslage hingegen dann aus, wenn der Urheber sogar technische Schutzmaßnahmen ergriffen hat, um sein Werk zu schützen, diese aber umgangen werden.

2.1.4 Lizenz zur Nutzung von Inhalten in sozialen Netzwerken

Möchte man ein fremdes Werk, also beispielsweise ein schönes Foto, für seine eigene Social Media Präsenz nutzen, so muss der Rechteinhaber der Verwendung zustimmen. Dies erfolgt grundsätzlich durch die Einholung bzw. Erteilung der Einwilligung. Rechtlich spricht man von Lizenzen.

In der Regel wird keine „Universallizenz“ erteilt. Umfang und Verwendungsart für das Werk werden genau festgelegt. Die Überschreitung der zumeist vertraglich festgelegten Nutzungsart bzw. die Überschreitung des Umfangs stellt eine Verletzung der Urheberrechte dar und kann vom Rechteinhaber verfolgt werden. Der Erwerber muss sich also von vornherein im Klaren darüber sein, was genau er mit dem fremden Werk anstellen möchte; auf welche Art und in welchem Umfang soll es veröffentlicht werden? Soll es umgestaltet oder bearbeitet werden? Ist eine Vervielfältigung gewollt? All diese Fragen sollten genauestens vertraglich geregelt werden. Die Ausarbeitung eines individuellen Konzeptes mit einer entsprechenden Beratung durch einen Rechtsanwalt ist nahezu unerlässlich. Nur so kann gewährleistet werden, dass gerade bei Projekten mit größerem, internationalem Umfang alle erforderlichen Lizenzen in dem benötigten Umfang eingeholt werden.

2.1.5 Stockfotos

Um sich erfolgreich in sozialen Medien zu präsentieren, ist neben der Qualität der Beiträge auch eine gekonnte Aufmachung von großer Bedeutung. Dazu gehören u. a. auch passende Bilder bzw. Fotos. Wer nun nicht die passenden Bilder zur Hand hat, wird sich entweder eines Auftragsfotografen bedienen, oder auf eine Bildagentur zurückgreifen.

Beispiel: **Bilddatenbank** *www.piqs.de*

Während der Auftragsfotograf speziell Bilder entsprechend den Vorstellungen des Auftraggebers anfertigt, haben Bildagenturen bereits einen großen Vorrat an vorproduzierten lizenzfreien sowie lizenzpflichtigen Bildern, aus denen sich der Kunde die für ihn und sein Vorhaben passenden Bilder aussuchen kann. Diese Bilder, die auf Vorrat angelegt werden, bezeichnet man als Stockfotografie (vom Englischen „to have in stock“, etwas vorrätig haben).

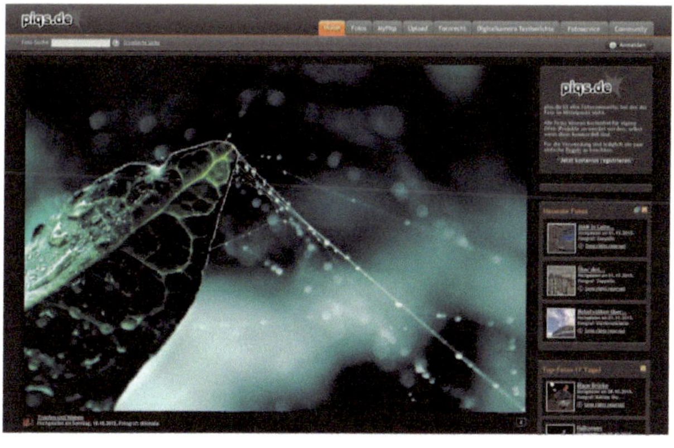

(Rechtenachweis: Stikmata – „Tropfen und Weben“, Some rights reserved, CC BY 2.0 DE: creativecommons.org/licenses/by/2.0/de/, Quelle: *www.piqs.de*)

Bei den lizenzfreien Bildern (RF – royality free) bestimmt sich der Preis in der Regel lediglich nach der Bildgröße. Der Nutzer kann das Bild nach Zahlung des Entgeltes unbegrenzt nutzen, wobei trotz Kostenfreiheit vertraglich vorgesehene Beschränkungen durch die Bildagentur möglich sind.

Bei den lizenzpflichtigen Bildern (RM – rights managed) richtet sich der Preis grundsätzlich nach der Nutzungsart, der Auflage und dem Verbreitungsraum. Hier wird dem Lizenznehmer ein genauer Benutzungsrahmen vorgegeben. Dazu gehören beispielsweise auch soziale Netzwerke als Verbreitungsraum.

Darüber hinaus regeln die Lizenzbedingungen auch, ob und wenn ja in welcher Form ein Urhebervermerk, also beispielsweise in Form der Nennung des Namens des Urhebers, neben dem Bild angebracht werden muss. Diese Vorgaben sollten bei Einbindung des Bildes ebenfalls unbedingt berücksichtigt werden. Der Urheber hat nämlich nach § 13 UrhG einen Anspruch auf Anerkennung seiner Urheberschaft.

Im Vorfeld sollte daher genauestens geprüft und durchdacht werden, wie und wo die Bilder eingesetzt werden sollen und welche Lizenzen dafür erforderlich sind. Es existieren auch spezielle Social Media Lizenzen, die auf die Nutzung von Inhalten in sozialen Netzwerken zugeschnitten sind.

In Zweifelsfällen ist die Hinzuziehung eines Rechtsanwaltes ratsam. Denn häufig sind sich die Betroffenen des Ausmaßes noch gar nicht bewusst und kennen sich in dieser Materie nicht hinreichend aus. Ein Rechtsanwalt, der auf diesem Gebiet schon Praxiserfahrung gesammelt hat, wird bei der Planung und Durchführung des Projektes durch sein Fachwissen beitragen können und über die rechtlichen Fallstricke aufklären.

2.2 Recht am eigenen Bild

Nicht selten kommt es in der Praxis vor, dass Bildmaterial verwendet wird, auf dem eine Person abgebildet ist. Das können Kunden sein, aber auch die eigenen Mitarbeiter des Unternehmens. Hier ist Vorsicht geboten! Sollte der oder die Abgebildete nicht mit der Veröffentlichung des Bildes einverstanden sein, so kann er oder sie sich auf das Recht am eigenen Bild berufen. Dieses Recht wird aus dem Allgemeinen Persönlichkeitsrecht abgeleitet und steht jedermann zu – auch den eignen Mitarbeitern. Diese Rechtsverletzung kann sodann gerichtlich geltend gemacht werden.

2.2.1 Grundlagen

Das Recht am eigenen Bild stellt einen Spezialfall des Allgemeinen Persönlichkeitsrechtes dar, dessen rechtliche Grundlage sich aus Art. 2 Abs. 1 GG in Verbindung mit Art. 1 Abs. 1 des GG (Grundgesetz) ableiten lässt. Zwar finden die Grundrechte grundsätzlich keine direkte Anwendung zwischen Privatpersonen, jedoch kann es in bestimmten Fällen zur mittelbaren Grundrechtswirkung kommen, so dass die Verletzung auch zwischen Privatpersonen gerichtlich geltend gemacht werden kann.

Zusätzlich wird das Recht am eigenen Bild aber auch einfachgesetzlich geschützt. Zum einen finden sich Regelungen in den §§ 22, 23 und 24 des Gesetzes betreffend das Urheberrecht an Werken der bildenden Künste und der Photographie – auch Kunsturhebergesetz (KUG) genannt. Zum anderen wird das Allgemeine Persönlichkeitsrecht – und somit das Recht am eigenen Bild als dessen Spezialfall – über die Normen § 823 Abs. 1 BGB in Verbindung mit § 1004 BGB geschützt.

Gesetzliche Grundlagen, sein Recht am eigenen Bild zu „verteidigen“ gibt es demnach viele. Doch stellen sich dann in der Praxis einige Fragen: Wann genau ist der Betroffene nun eigentlich geschützt? Welche Handlung verletzt ihn in seinen Rechten? In Betracht kommt hierbei zum einen die Anfertigung der Bildaufnahme gegen den Willen des Betroffenen und zum anderen die Veröffentlichung der Bildaufnahme, ohne dass der Betroffene seine Einwilligung erteilt hat.

Das Kunsturhebergesetz geht klar davon aus, dass nur die Verbreitung und Veröffentlichung von Bildnissen einer Person einen Verstoß darstellen kann (§ 22 KUG). In anderen Gesetzen finden sich zu dieser Frage keine eindeutigen Regelungen. Die Thematik wird in der Rechtsprechung kontrovers gehandhabt. Während beispielsweise das OLG Hamburg (Beschl. v. 05.04.2012 - 3-14/12 10) bereits die Anfertigung der Bildaufnahme als Rechtsverletzung einstufte, trat das BVerwG (Urteil vom 28.03.2012 – 6 C 12/11) dieser Auffassung letztlich entgegen und verlangt eine Veröffentlichung der Bildaufnahme, ohne dass der Abgelichtete hierzu eingewilligt hat. Letztlich kann aber die Frage, ob bereits das Anfertigen der Bildaufnahme, oder erst die Veröffentlichung die maßgebliche Rechtsverletzung darstellt, in Anbetracht der kontroversen Rechtsprechung nicht eindeutig geklärt werden. Im Ergebnis kommt es darauf aber auch nicht an, da die Konsequenz stets eine Rechtsverletzung ist. Daher stehen dem Betroffenen spätestens nach der Veröffentlichung rechtliche Möglichkeiten zu, diese zu unterbinden. Daher ist hier Vorsicht geboten!

2.2.2 Einwilligung

Die oben dargestellte Problematik ergibt sich in erster Linie, wenn ohne die Einwilligung des Abgebildeten gehandelt wird. Die Einwilligung ist die vorherige Zustimmung des Betroffenen.

Eine besondere Schriftform o. ä. ist nicht einzuhalten. Die Einwilligung kann ausdrücklich oder auch stillschweigend erfolgen, so dass sich aus gegebenen Umständen ergibt, dass der Betroffene einverstanden ist. Im Rahmen der stillschweigenden Einwilligung ist jedoch Vorsicht geboten. Die Frage, ob der Betroffene eingewilligt hat, oder nicht, wird durch die Auslegung seines Verhaltens in Anbetracht der konkreten Einzelumstände geklärt. Zwar sieht § 22 Satz 2 KUG die Regelung vor, dass im Falle der Entlohnung des Betroffenen, von einer Einwilligung auszugehen ist, doch müssen auch hier noch die genaue Art und der Umfang ausgelegt werden. Die Entscheidung obliegt im Zweifelsfalle dem Richter. Um solche Unsicherheiten zu vermeiden sollten Sie stets darauf achten, die Einwilligung schriftlich festzuhalten – so haben Sie bei eventuell auftauchenden Streitigkeiten etwas in der Hand und können bei gerichtlichen Verfahren einen entsprechenden Beweis über die erteilte Einwilligung vorlegen.

Beispiel: Einwilligungserklärung bei Fotoshootings erfolgt durch sog. Model Release

Auch Inhalt und die Reichweite der Einwilligung sollten schriftlich festgelegt werden. Die Einwilligung kann räumlich, zeitlich und auch inhaltlich durch den Betroffenen beschränkt werden. Hier sollte in Anbetracht des Konfliktpotentials vorab das Konzept gut durchdacht und vorbereitet werden, um Inhalt und Umfang der Einwilligung, die für den geplanten Zweck erforderlich ist, schriftlich festhalten zu können. Fehler und Ungenauigkeiten gehen im Zweifelsfall auf Ihre Kosten.

Zu beachten ist auch, dass wenn der Betroffene nicht korrekt über Art und Umfang der Verwendung des Bildes aufgeklärt worden ist, die Einwilligung ggf. unwirksam sein kann. Hier steht der Schutz des Persönlichkeitsrechtes im Vordergrund.

Dem Betroffenen werden hier nicht die vorsätzlich oder fahrlässig unterbliebenen bzw. unrichtigen Aufklärungen durch den Verwender zur Last gelegt.

2.2.3 Ausnahmen von dem Einwilligungserfordernis

Das Gesetz sieht jedoch auch Ausnahmen vor, bei denen eine Einwilligung des Betroffenen nicht eingeholt werden muss. Unter Umständen kann es sein, dass eine Einwilligung des Betroffenen für die rechtmäßige Veröffentlichung seines Bildes nicht erforderlich ist. Der Gesetzgeber hat einige Ausnahmen auch im KUG normiert (§§ 23, 24 KUG).

Eine wichtige Rolle spielt hierbei § 23 KUG, der Ausnahmeregelungen vorsieht für:

1. Bildnisse aus dem Bereich der Zeitgeschichte;
2. Bilder, auf denen die Personen nur als Beiwerk neben einer Landschaft oder sonstigen Örtlichkeit erscheinen;
3. Bilder von Versammlungen, Aufzügen und ähnlichen Vorgängen, an denen die dargestellten Personen teilgenommen haben;
4. Bildnisse, die nicht auf Bestellung angefertigt sind, sofern die Verbreitung oder Schaustellung einem höheren Interesse der Kunst dient.

Was es mit diesen Ausnahmen im Detail auf sich hat, wird nun im Folgenden erläutert.

2.2.3.1 Bildnisse aus dem Bereich der Zeitgeschichte

Während es früher bei der Frage, was unter den Begriff der Zeitgeschichte zu fassen sei, im Wesentlichen um die Person des Betroffenen ging, d. h. um seinen Bekanntheitsgrad bzw. seine Relevanz für die Öffentlichkeit, kommt es darauf seit einiger Zeit nach der Rechtsprechung des Europäischen Gerichtshofs für Menschenrechte (EGMR) nicht mehr ausschlaggebend an. Danach ist der Begriff der Zeitgeschichte weit zu verstehen. Er umfasst nicht nur bedeutende politische oder wirtschaftliche Ereignisse, sondern alle Fragen und Ereignisse, die von allgemeinem gesellschaftlichem Interesse und Relevanz sind.

Wird im Rahmen eines Berichtes, dessen Inhalt unter den Begriff der Zeitgeschichte zu fassen ist, ein Bild verwendet, kann es passieren, dass sich der Abgebildete zur Wehr setzt. In diesem Fall bedarf es einer einzelfallbezogenen Abwägung der kollidierenden Interessen zwischen dem Abgelichteten und dem Verwender der Bilder. Auf der Ebene der Grundrechte stehen sich beispielsweise bei Presseberichterstattungen einerseits das Grundrecht der Menschenwürde, die Handlungsfreiheit und das Persönlichkeitsrecht aus Art. 1 Abs. 1, 2 Abs. 1 GG sowie Art. 8 EMRK des Abgebildeten und das Grundrecht der Pressefreiheit aus Art. 5 Abs. 1 Satz 2 GG und Art. 10 EMRK des Journalisten gegenüber. Bei Personen außerhalb der Presse wird regelmäßig die Meinungsfreiheit Relevanz erlangen.

2.2.3.2 Person als Beiwerk

Ebenfalls häufig anzutreffen ist die Ausnahme „Person als Beiwerk“. Dies meint die Fälle, in denen eine Umgebung oder eine Landschaft bildlich festgehalten wird und dabei Personen beiläufig mit abgelichtet werden, die zufällig zugegen sind. Davon ist dann auszugehen, wenn die Umgebung bzw. die Landschaft den Hauptbestandteil des Bildes ausmacht und die Person sozusagen nur beiläufig wahrgenommen wird und offensichtlich nicht Vordergrund des Bildes steht, so muss die Veröffentlichung in der Regel hingenommen werden.

Anders verhält es sich hingegen, wenn bei der Aufnahme die Umgebung zum bloßen Rahmenwerk wird und die abgebildete Person geradezu heraussticht. In diesen Fällen wird sich der Betroffene in der Regel erfolgreich gegen die Veröffentlichung zur Wehr setzen können. Im Einzelfall kann es schwierig sein, zu entscheiden, ob die Umgebung Mittelpunkt oder Rahmenwerk ist. Hier sollte mit Vorsicht gehandelt werden und im Zweifel ein Rechtsanwalt vor Veröffentlichung der Bilder zu Rate gezogen werden.

Beispiel: **Personen als Beiwerk**

(Rechtenachweis: Zeppelin – „Eine Sommerfahrt!!", Some rights reserved, CC BY 2.0 DE: creativecommons.org/licenses/by/2.0/de/, Quelle: *www.piqs.de*)

2.2.3.3 Bilder von Versammlungen, Aufzügen und ähnlichen Ereignissen

Von dieser Ausnahme sind in erster Linie öffentliche Veranstaltungen umfasst, zu denen jedermann Zugang hat. Dazu zählen nahezu alle Menschenansammlungen, bei denen die Teilnehmer einen kollektiven Willen haben und zugleich von anderen dabei wahrgenommen werden wollen. Klassisches Beispiel ist die Demonstration. Zu beachten ist jedoch auch hier, dass es, damit der Ausnahmetatbestand des § 23 KUG greift, darauf ankommt, dass nicht einzelne Teilnehmer aus der Menge herausgezoomt und abgelichtet werden. Die Veranstaltung muss vielmehr als Vorgang im Gesamten abgelichtet sein.

Beispiel: **Foto einer Demonstration**

(Rechtenachweis: David Shankbone – „SlutWalk NYC October 2011 Shankbone 7", Some rights reserved, CC BY 2.0 DE: creativecommons.org/licenses/by/2.0/de/, Quelle: *www.piqs.de*)

Einzelne Teilnehmer können wiederum bildlich in den Mittelpunkt gestellt werden, wenn sie im Rahmen der Veranstaltung eine besondere Rolle einnehmen oder an bestimmten Geschehnissen beteiligt sind – Redner beispielsweise. Private Veranstaltungen wie Hochzeiten, Beerdigungen oder private Feiern sind grundsätzlich nicht vom Ausnahmetatbestand erfasst. Etwas anderes ergibt sich lediglich dann, wenn auch hier der Wille erkennbar ist, dass die Betroffenen von anderen dabei wahrgenommen werden wollen.

2.2.3.4 Bildnisse im Interesse der Kunst

Bei diesem Ausnahmetatbestand kommt es entscheidend darauf an, dass die Veröffentlichung „zum Zwecke der Kunst“ und nicht auf Bestellung des Abgebildeten hin erfolgt. Die Kunst muss hier im Vordergrund stehen und nicht etwa ein wirtschaftliches Interesse. Sollte dies nicht der Fall sein, so bedarf es für die Veröffentlichung der Einwilligung des auf dem Bildnis Abgebildeten.

2.2.3.5 Rechtspflege und öffentliche Sicherheit

In § 24 KUG findet sich sodann noch eine spezielle Regelung für die Behörden.So heißt es im Gesetzestext:

> *„Für Zwecke der Rechtspflege und der öffentlichen Sicherheit dürfen von den Behörden Bildnisse ohne Einwilligung des Berechtigten sowie des Abgebildeten oder seiner Angehörigen vervielfältigt, verbreitet und öffentlich zur Schau gestellt werden.“*

Diese Regelung verfolgt das öffentlich-rechtliche Interesse insbesondere an der Strafverfolgung und der Prävention von Kriminalität.

2.3 Äußerungs- und Persönlichkeitsrecht

Die sozialen Netzwerke sind häufig auch ein Ort, an dem Äußerungen etwas unbedarft und teils auch deutlich härter und kritischer formuliert werden, als wir dies aus dem realen Leben kennen. Schnell ist ein kurzer Text veröffentlicht und geht vielleicht sogar viral. Insbesondere dann, wenn es sich um politisch brisante Themen oder aktuelle Ereignisse handelt. Vergreift man sich dabei in der Wortwahl, kann diese Äußerung andere Menschen verletzen. Betroffen ist dabei das Persönlichkeitsrecht des vom Inhalt der Aussage Betroffenen. Der sich Äußernde hingegen wird sich hingegen regelmäßig mit dem Verweiß auf sein Äußerungsrecht. Auch hier prallen damit verschiedene Interessen aufeinander. In diesen Konstellationen ist es für den juristischen Laien schwer zu beurteilen, wessen Interessen höher wiegen. Denn dazu ist eine Interessenabwägung unter Einbeziehung sämtlicher Aspekte des konkreten Einzelfalles erforderlich. Aus diesem Grund sollten Äußerungen stets gut überlegt und mit der nötigen Zurückhaltung formuliert werden.

2.3.1 Persönlichkeitsrecht

Auf das Persönlichkeitsrecht, welches seine Verankerung in den Grundrechten findet, kann sich jedermann, d.h. jede „natürliche Person" berufen. Dieses steht ihnen schon vor der Geburt (pränatal) zu und erstreckt sich auch über den Tod hinaus (postmortal).

Insgesamt werden 3 Sphären des Persönlichkeitsrechts unterschieden, in die eingegriffen werden kann: Sozialsphäre, Privatsphäre und Intimsphäre. Am schwächsten wird der Eingriff in die Sozialsphäre gewertet, am intensivsten ist der in die Intimsphäre. Je tiefgreifender der Eingriff durch die Äußerung ist, desto höher sind die Anforderung an die Rechtfertigung zu stellen. Ein Persönlichkeitsrecht haben aber nicht nur Menschen. Mittlerweile ist von der Rechtsprechung auch anerkannt, dass sich juristische Personen und Personengesellschaften sowie nichtrechtsfähige Vereine eingeschränkt auf das Persönlichkeitsrecht berufen können. Allerdings gilt dies nur, soweit die juristische Person in ihrem sozialen Geltungsanspruch als Arbeitgeber oder als Wirtschaftsunternehmen betroffen ist. Zu beachten ist hierbei jedoch, dass sich nur eine natürliche Person auf den Schutz der sog. Intims- oder Privatsphäre berufen kann.

Das Persönlichkeitsrecht lässt sich dabei in die Bereiche des allgemeinen und des besonderen Persönlichkeitsrechtes unterteilen. Der Bereich des besonderen Persönlichkeitsrechtes umfasst z. B. das Recht am eigenen Bild und am gesprochenen Wort.

Gerade im Social Media Bereich, wo Äußerungen über Ereignisse und Personen einen Großteil der Posts darstellen, kann es leicht zu einem Aufeinanderprallen des Persönlichkeitsrechtes des einen Nutzers mit dem Äußerungsrecht eines anderen Nutzers kommen.

2.3.2 Äußerungsrecht

Das Äußerungsrecht ist Teil der Meinungsfreiheit, die durch Art. 5 GG geschützt wird. Dies bedeutet, jedermann darf seine Meinung frei äußern. Doch stellt sich nun die Frage, was eigentlich unter den Begriff „Äußerungen“ fällt. Eine Äußerung ist die Bekanntgabe – egal ob schriftlich oder mündlich – einer Tatsache oder einer Meinung bzw. eines Werturteils. Ob eine Äußerung eine Tatsachenbehauptung oder eine Meinungsäußerung darstellt richtet sich danach, ob der Inhalt bewiesen werden kann. Kann die Äußerung bewiesen werden, handelt es sich um eine Tatsache. Wenn nicht, so stellt die Äußerung lediglich eine Meinung dar.

2.3.3 Meinungsfreiheit vs. Persönlichkeitsrechte

Meinungen, bzw. Werturteile, wie auch Tatsachenbehauptungen (soweit diese für die Entwicklung eines Meinungsbildes relevant sind), fallen gemäß Art. 5 Abs. 1 GG unter den Schutzbereich der Meinungsfreiheit. Diese gilt allerdings nicht uneingeschränkt. Das zeigt bereits der Wortlaut des Art. 5 Abs. 2 GG, der die Schranken der „Vorschriften der allgemeinen Gesetze, den gesetzlichen Bestimmungen zum Schutze der Jugend und in dem Recht der persönlichen Ehre“ statuiert. Es ist also durchaus möglich, dass jemand durch seine Meinungsäußerung – die als solche grundsätzlich erlaubt ist – jemand anderes in dessen Rechten verletzt, weil die Grenze des Erlaubten überschritten wurde.

Behauptet jemand, durch eine Meinungsäußerung oder Tatsachenbehauptung in seinem Persönlichkeitsrecht verletzt worden zu sein, so erfolgt bei der rechtlichen Überprüfung eine Abwägung. Dies bedeutet, es erfolgt eine konkrete Einzelfallbetrachtung. Hierbei wird das Recht auf Meinungsfreiheit dem Persönlichkeitsrecht gegenüber gestellt und die Intensität des Eingriffs begutachtet. Je tiefgreifender der Eingriff durch die Äußerung ist, desto eher wird die Meinungsfreiheit zurücktreten müssen.

Besonders schwierig wird die Abwägung dann, wenn ein besonderes Informationsbedürfnis der Öffentlichkeit besteht. Dies ist beispielsweise bei aktuellen Ereignissen wie besonders schweren Straftaten oder dem Leben von prominenten Personen von Relevanz. Hier kann es durchaus sein, dass das Persönlichkeitsrecht des Einzelnen dem Informationsinteresse der Öffentlichkeit weichen muss. Umgekehrt gibt es auch Fälle, in denen dem Betroffenen ein erhöhter Schutz zugesprochen wird und die Meinungsfreiheit zurücktreten muss. Dies kann z. B. gegeben sein, wenn einer der Betroffenen minderjährig ist – dies gilt meist auch dann, wenn der Minderjährige prominent ist. Der

Gesetzgeber und auch die Rechtsprechung sehen die Minderjährigen in der Regel als besonders schutzbedürftig.

2.3.4 Rechtswidrige Äußerungen

Die Äußerung wahrer Tatsachen muss regelmäßig hingenommen werden, auch wenn sie für den Betroffenen nachteilig oder unbequem ist. Anders sieht es da bei unwahren Tatsachenbehauptungen aus. Insbesondere dann, wenn sich der Äußernde über die Unwahrheit im Klaren ist. Eine Lüge muss niemand dulden. Es muss aber auch niemand dulden, durch eine Äußerung herabgewürdigt und in seiner Würde verletzt zu werden. Hier spricht man von der sogenannten Schmähkritik, die dem Schutz der Meinungsfreiheit entzogen ist.

Ebenso werden die Äußerungen, die eine Stigmatisierung und Prangerwirkung des Betroffenen zur Folge haben, grundsätzlich nicht vom Betroffenen hinzunehmen sein.

2.3.5 Rechtsmittel gegen den „Shitstorm"

Unbedachte Äußerungen können manchmal harte Konsequenzen haben - und damit sind nicht gerichtliche Konsequenzen gemeint. Das Internet – und insbesondere die Nutzung von Social Media Plattformen – ermöglicht den Usern das schnelle Verbreiten und Kommentieren aktueller Ereignisse und sonstiger Inhalte. Dies kann jedoch auch von Nachteil sein. Insbesondere dann, wenn die Äußerung oder Handlung einer Person oder eines Unternehmens negative Kritik auslöst und sogar einen „Shitstorm" auslöst. Dabei wird die Handlung eines Nutzers – meist in Form einer kritiksicheren Aussage – massenhaft öffentlich und in negativer Weise von anderen Nutzern bewertet. Dies ist schon für eine Privatperson eine enorme psychische Belastung, für ein Unternehmen jedoch möglicherweise zudem von immensem wirtschaftlichem Schaden. Nicht selten kommt es dabei auch zu unsachgemäßen, ehrverletzenden Äußerungen der anderen Nutzer, die den Betroffenen bzw. das Unternehmen in seinem Persönlichkeitsrecht bzw. Unternehmerpersönlichkeitsrecht verletzen können. Es stellt sich sodann die Frage, wie der Betroffene bzw. das betroffene Unternehmen (rechtlich) gegen den Shitstorm vorgehen und sich gegen die (Persönlichkeits)rechtsverletzung zur Wehr setzen kann.

Sollten Sie als Privatperson oder Ihr Unternehmen von einem derartigen Shitstorm betroffen sein, so stehen Ihnen mehrere Optionen zur Verfügung, wie Sie sich zur Wehr setzen können: Abhängig von der Intensität des Shitstorms und in Anbetracht des Ausmaßes der auf dem Spiel stehenden Rufschädigung sowie den damit verbundenen Konsequenzen – vor allem für Unternehmen – ist die Einschaltung eines Rechtsanwaltes hier dringend anzuraten. Dieser wird mit Ihnen sodann die für den konkreten Einzelfall beste Verteidigungsstrategie ausarbeiten und die entsprechenden Schritte in die Wege leiten.

Mögliche Vorgehensweisen sind hierbei z. B. die außergerichtliche Kontaktaufnahme mit dem Rechtsverletzer, die Einleitung eines „notice and take-down" Verfahrens, die Geltendmachung von Beseitigungs- und/oder Unterlassungsansprüchen, die Geltendmachung von Schadensersatz, sowie die Einleitung eines strafrechtlichen Ermittlungsverfahrens wegen der Verwirklichung von Beleidigungsdelikten. Die genannten Verfahren sollen an dieser Stelle nur kurz benannt werden. Eine vertiefte Darstellung findet sich in ▸*Kapitel 5*.

Darüber hinaus ist es wichtig, auf die Kritik einzugehen und hierzu Stellung zu nehmen. Diese Stellungnahme sollte optimalerweise mit einem PR-Berater abgestimmt werden. Andernfalls kann das Ganze auch nach hinten losgehen und für noch mehr Ärger sorgen. Zwar scheinen sich manche Unternehmen Shitstorms zur Vermarktung ihrer Produkte zu Nutze machen zu wollen, doch ankommen tut dies nicht bei Jedem.

Beispiel: **Rassismusvorwurf gegen True Fruits**

Der Smoothie-Hersteller *True Fruits* kassierte 2019 für seine unsachgemäße Reaktion auf die Kritik an dem Smoothie-Namen „Unser Quotenschwarzer" einen heftigen Shitstorm und nahm das Getränk in der Folge aus dem Sortiment. Den „Fehler" eingestanden hat das Unternehmen jedoch nicht, sondern weiter gegen seine Kritiker ausgeteilt. Medienwirksam war das Ganze jedenfalls.

2.3.6 Kontaktaufnahme mit dem Rechtsverletzer

Die einfachste Reaktionsmöglichkeit nach einer Rechtsverletzung ist grundsätzlich zunächst die Kontaktaufnahme zu der Person, von der die rechtsverletzende Äußerung stammt. Dies wird in der Praxis sozialer Netzwerke jedoch häufig daran scheitern, dass sich diese angesichts der Anonymität des Internets nicht ohne Weiteres ermitteln lässt. Zwar kommt es auch immer wieder vor, dass Nutzer ihre Inhalte unter Verwendung von „Klarnamen", also ihren bürgerlichen Namen, posten, doch genügt auch dieser Name häufig nicht, um die Person gänzlich ausfindig zu machen. Es besteht auch kein Anspruch gegen den Plattformbetreiber auf Herausgabe der persönlichen Daten der Nutzer. Doch dies bedeutet nicht, dass der Plattform-Betreiber untätig bleiben kann und der Betroffene einfach untätig zusehen muss. Vielmehr sind die Anforderungen an die Betreiber sozialer Netzwerke in den vergangenen Jahren mit Inkrafttreten des Netzwerkdurchsetzungsgesetzes (NetzDG) deutlich gestiegen. Danach müssen Betreiber sozialer Netzwerke wie Facebook, Instagram, Twitter und YouTube „offensichtlich rechtswidrige Inhalte innerhalb von 24 Stunden" nach Eingang einer Beschwerde löschen oder sperren, § 3 Abs. 2 Nr. 2 NetzDG. Andernfalls droht ein Bußgeld von bis zu 5 Millionen Euro. Auch auf europäischer Ebene sind mit Art. 17 DSM-Richtlinie die Regelungen für die Haftung von Plattform-Betreibern neu geordnet worden.

2.3.7 Notice and-take-down Verfahren

Für Löschungsaufforderungen an Plattform-Betreiber hat sich in der Praxis das aus dem US-amerikanischen Recht stammende sogenannte „notice and take-down" Verfahren etabliert. Dabei wird der Plattformbetreiber über eine Rechtsverletzung in Kenntnis gesetzt (*notice*) und zur Beseitigung (*take-down*) aufgefordert wird (dazu ▸*Kapitel 5.2.1*).

2.3.8 Geltendmachung von Beseitigungs- und Unterlassungsansprüchen

Sollten erste Kontaktversuche mit dem Rechtsverletzer oder dem Plattform-Betreiber keinen Erfolg haben und möchte man wegen der andauernden Rechtsverletzung schnelle Abhilfe schaffen, so sollte umgehend ein Rechtsanwalt hinzugezogen werden. Der Rechtsanwalt wird sodann Beseitigungs- und Unterlassungsansprüche geltend machen und ggf. ein gerichtliches Verfahren vorbereiten. Dies kann auch im Eilverfahren vor Gericht erfolgen, sofern denn die Daten des Rechtsverletzers ermittelt werden können.

2.3.9 Anspruch auf Entschädigung/Schadensersatz

Nicht ausgeschlossen ist es, dass durch die negativen Posts dem Betroffenen ein Schaden entsteht, der ihn nach den gesetzlichen Regelungen zum Schadensersatz berechtigt. Dies betrifft vor allem den Anspruch auf Ersatz der entstandenen Rechtsanwaltskosten. Denkbar sind bei rechtsverletzenden Handlungen gegenüber Unternehmen jedoch auch Ansprüche auf Ersatz finanzieller Einbußen, die beispielsweise durch Fake-News verursacht werden. Darüber hinaus ist bei besonders erheblichen Persönlichkeitsrechtsverletzungen auch ein Schmerzensgeld denkbar. Diese Ansprüche können ebenfalls gerichtlich oder außergerichtlich geltend gemacht werden.

2.3.10 Strafanzeige

Unter Umständen kommt im konkreten Einzelfall auch die Einleitung eines Strafverfahrens in Betracht. Auf Antrag können die Delikte Beleidigung (§ 185 StGB), Üble Nachrede (§ 186 StGB) und/oder Verleumdung (§ 187 StGB) verfolgt werden. Auch hierbei empfiehlt es sich, den Sachverhalt vorab durch einen Rechtsanwalt prüfen zu lassen, der anschließend auch bei den erforderlichen Anträgen weiterhelfen kann und das Verfahren einleitet. Im Zweifel können über das Strafverfahren auch die Daten des Rechtsverletzers ermittelt werden und diese sodann zur Geltendmachung zivilrechtlicher Ersatzansprüche genutzt werden.

3 Marketing und Reputation im Social Web

Soziale Netzwerke eignen sich hervorragend dazu, mit potenziellen Kunden in Kontakt zu treten und die angebotenen Waren oder Dienstleistungen zu präsentieren. Werbung lässt sich zielgerichtet an bestimmte Personengruppen richten. Zudem eröffnet der sog. virale Effekt neue Möglichkeiten – Werbebotschaften werden nicht mehr ausschließlich durch das Unternehmen verbreitet, sondern durch die Nutzer selbst. Digitale Mundpropaganda lautet das Stichwort. Während dies schon von Unternehmen auf Facebook umfassend genutzt wurde, haben Marketingaktionen über die Plattform Instagram eine neue Dimension erreicht. Sogenannte Influencer, also Personen mit einer erheblichen Reichweite, werden von Unternehmen gezielt mit bezahlten Partnerschaften zur Bewerbung von Produkten und Dienstleistungen genutzt.

Doch auch im Bereich Marketing und Werbung im Social Web sind natürlich die geltenden gesetzlichen Regelungen zu beachten. Diese wurden gerade mit Blick auf die bereits angesprochene Werbung durch Influencer auf die Probe gestellt und haben die Gerichte beschäftigt. Doch neben den gesetzlichen Regelungen spielen auch die Werberichtlinien der Plattformen eine wichtige Rolle. In diesem Kapitel erfahren Sie, was Sie bei Werbung im Social Web aus rechtlicher Sicht beachten müssen.

3.1 Transparenzgebot – Alles Schleichwerbung?

Werbliche und redaktionelle Inhalte sind in sozialen Netzwerken nicht immer leicht zu unterscheiden. Das war schon immer so, ist in den letzten Jahren durch die Influencer-Werbung noch schwieriger geworden. Denn auch privaten Kanälen setzen Influencer einzelne Produkte oder Dienstleistungen von Unternehmen gekonnt in Szene. Für den Betrachter ist auf den ersten Blick nicht erkennbar, ob der Influencer das Produkt selbst gekauft hat und es daher in dem Foto zufällig zu sehen ist oder ob er von dem Hersteller gar eine Gegenleistung dafür bekommen hat, das Produkt dort in Szene zu setzen und so seine Follower darauf aufmerksam zu machen. Werbung ist dann besonders effektiv, wenn die Zielgruppe den tatsächlichen Werbecharakter des Beitrags gar nicht erkennt. Doch darin liegt genau der anstößige Charakter: Der Adressat hält die Werbeaussage für eine sachliche Information eines Dritten und wird damit schlichtweg getäuscht. Rechtlich ist diese zwar effektive, aber erschlichene Werbung besonders problematisch.

Grundsätzlich gilt auch in sozialen Netzwerken das Transparenz- bzw. Trennungsgebot (§ 6 Abs. 1 TMG, § 4 Nr. 3 UWG). Dieses besagt, dass kommerzielle Kommunikation stets als solche erkennbar sein muss. Der Werbecharakter von geschäftlichen Handlungen darf nicht verschleiert werden. Andernfalls stellt die Tarnung werblicher Inhalte einen Wettbewerbsverstoß nach § 4 Nr. 3 UWG, § 3 Abs. 3 i. V. m. Nr. 11 des Anhangs zu § 3 Abs. 3 UWG oder § 6 TMG i. V. m. § 4 Nr. 11 UWG dar. Man spricht dabei auch von „Schleichwerbung“.

3.1.1 Werbung auf dem eigenen Social Media-Account

Das bedeutet jedoch nun nicht, dass gänzlich jeder Facebook-Post eines Unternehmens mit den Begriffen „Anzeige“ oder „Werbung“ gekennzeichnet werden muss. Wenn Sie z. B. eine unternehmenseigene Social Media-Präsenz betreiben und dort ihre eigenen Produkte und Dienstleistungen präsentieren, ist der werbliche Charakter Ihrer Postings ohnehin klar erkennbar. Dann ist eine gesonderte Kennzeichnung nicht erforderlich.

Differenziert betrachtet muss hingegen die Konstellation, in der Nutzer sozialer Netzwerke – unabhängig von ihrer Followerzahl – auf ihrem persönlichen Kanal fremde Produkte oder Dienstleistungen präsentieren. gekennzeichnet werden.

3.1.2 Gekaufte Nutzermeinungen, Bewertungen oder Empfehlungen

Eine nach wie vor häufig auftretende Form der Schleichwerbung sind gekaufte Nutzermeinungen, Bewertungen oder Empfehlungen. Unternehmen dürfen Dritte nicht dazu auffordern, gegen Entgelt oder gegen eine andere Gegenleistung die Produkte oder Dienstleistungen des Unternehmens positiv zu bewerten. Erlaubt ist es dagegen, den Kunden ohne das Versprechen einer Gegenleistung zur Abgabe einer Bewertung aufzufordern, ohne um eine positive Resonanz zu bitten.

Beispiel: **Rabatt gegen gute Bewertung im Newsletter**

In dem Newsletter eines Unternehmens heißt es:

„Sie sind von uns begeistert oder wollen einfach Ihre Meinung über uns mit anderen teilen? Wenn Sie innerhalb von 90 Tagen nach Erhalt unserer Waren eine Bewertung auf dem folgenden Meinungsportal abgeben „www.internetadresse. de" und uns eine Kopie der Bewertung per E-Mail an „internetadresse@mail.de" senden, erhalten Sie von uns nachträglich einmalig einen Preisrabatt von 10 % auf den Warenwert Ihrer letzten Bestellung. (...) 25 % extra Sonderrabatt: Sollte Ihr Bericht von der D Gemeinde als mindestens durchschnittlich „hilfreich" bewertet werden, erhalten Sie sogar 25 % Rabatt auf den Warenwert Ihrer letzten Bestellung."

Das OLG Hamm (Urteil vom 23.11.2010 – 4 U 136/10) war in diesem Fall der Meinung, dass es sich um wettbewerbswidrige bezahlte Empfehlungen handelt. Da auf dem Bewertungsportal nicht auf die versprochene Gegenleistung hingewiesen wurde, waren die auf diese Aufforderung hin abgegebenen Nutzerbewertungen irreführend. Das Unternehmen wurde daher dazu verpflichtet, diese Werbemaßnahme einzustellen.

Unzulässig ist es natürlich auch, wenn Mitarbeiter des Unternehmens in sozialen Netzwerken oder Bewertungsportalen positive Bewertungen über das Unternehmen veröffentlichen. Auch dann handelt es sich um unlautere Schleichwerbung (dazu ▸*Kapitel 3.4*).

3.1.3 Testimonial- und Influencer-Werbung

In einigen Fällen ist Werbung absichtlich so gestaltet, dass der Werbecharakter nicht auf den ersten Blick erkennbar ist. Werbende sind dabei Prominente und/oder Personen mit einer hohen Reichweite in sozialen Netzwerken. Es handelt sich bei dieser Werbeform meist um innovative und unterhaltsame Fotos oder Imagevideos. Im Vordergrund steht die Persönlichkeit bzw. die Handlung – das beworbene Produkt erscheint scheinbar eher beiläufig. Oftmals ist der Werbecharakter dabei für den durchschnittlichen Adressaten nicht erkennbar. Ist das Video nicht ausschließlich auf einer Webseite des werbenden Unternehmens veröffentlicht, bedarf es einer ausdrücklichen Kennzeichnung des werblichen Inhalts. Ein entsprechender Hinweis (z. B. „Werbung“) sollte entweder am Anfang und/oder Ende des Videos, im Idealfall fortdauernd, eingeblendet werden.

Beispiel: **Nike-Video „The Last Game“ zur Fussball WM 2014**

(Quelle: *www.youtube.com/user/NikeFootball*)

Eine besondere Rolle spielt diese versteckte Werbung auch in dem sozialen Netzwerk Instagram. Denn während dort viele gerade reichweitenstarke Nutzer über ihren Kanal Produkte wie Abnehmtees, Designer-Handtaschen oder dergleichen bekannter Labels oder auch Start-ups präsentieren, wird es mit der Kennzeichnung der Beiträge als „Werbung“ nicht immer so genau genommen. Dies ist letztlich auch der Grund, warum sich in der Vergangenheit bereits häufiger Gerichte mit der Frage beschäftigen mussten, wann Influencer Beiträge als Werbung zu kennzeichnen haben. Jedoch nicht immer mit einem einheitlichen Ergebnis.

So erließ das KG Berlin (ZUM-RD 2019, 159 ff.) gegen eine Influencerin eine einstweilige Verfügung aufgrund der Verlinkung ihres Beitrags auf Instagram mit dem Profil der abgebildeten Marken, obwohl sie dafür keine Gegenleistung bekommen hat. Dies begründete das Gericht damit, dass „kommerziellen Inhalte“ im geschäftlichen Verkehr ohne die entsprechende Kennzeichnung präsentiert worden seien. Anders entschied dies hingegen das LG München I (GRUR-RR 2019, 332 ff) in einem Verfahren, das den Instagram-Beitrag einer anderen Influencerin zum Gegenstand hatte. So sah das Gericht keine Notwendigkeit zur Kennzeichnung als Werbung, da die Gewerblichkeit ihres Accounts für jedermann offensichtlich sei. Seit Juli 2020 verhandelt sogar der Bundesgerichtshof (BGH) über drei ähnlich gelagerte Fälle von vermeintlicher Werbung durch die Influencer Cathy Hummels (Az.: I ZR 126/20), Leonie Hanne (Az.: I ZR 125/20) sowie Luisa-Maxime Huss (Az.: I ZR 90/20). In allen Fällen geht es um die Frage, ob das Verwenden von sog. Tap Tags ohne Kennzeichnung als Werbung zulässig ist oder nicht. Dabei handelt es sich um zunächst verborgene Verlinkungen (Tags) auf Instagram-Posts. Die Verlinkungen werden erst eingeblendet, wenn Nutzerinnen und Nutzer auf das entsprechende Posting klicken (Tap). Verlinkt werden zumeist auf den Fotos erkennbare bekannte Markenprodukte, für die aber keine unmittelbare Gegenleistung von der benannten Firma erbracht wurde, also mithin um von der Influencerin selbsterworbene Produkte. Der Bundesgerichtshof (BGH) hat am 09. September 2021 in diesen drei Urteilen über die elementare Frage entschieden, wann Influencer ihre Postings als Werbung kennzeichnen müssen. Die Antwort fällt differenziert aus: Hat die Influencerin eine Gegenleistung erhalten, muss sie kennzeichnen. Hat sie keine erhalten, kommt es erst einmal darauf an, ob ihr Posting übertrieben werblich ist. Das ist meist nicht der Fall, wenn sie den Post nur mit einem Tap Tag versieht. In der Regel aber schon, wenn sie auch auf das Unternehmen verlinkt (Urt. v. 09.09.2021, Az. I ZR 90/20[1], I ZR 125/20[2], I ZR 126/20[3]).

1 *dejure.org/dienste/vernetzung/rechtsprechung?Text=I%20ZR%2090/20*
2 *dejure.org/dienste/vernetzung/rechtsprechung?Text=I%20ZR%20125/20*
3 *dejure.org/dienste/vernetzung/rechtsprechung?Text=I%20ZR%20126/20*

Beispiel: **Werbung auf Instagram**

Ist eine Kennzeichnung als Werbung notwendig, so hat diese so deutlich zu erfolgen, dass aus der Sicht eines durchschnittlichen Mitglieds des jeweils angesprochenen oder betroffenen Verbraucherkreises kein Zweifel am Vorliegen eines kommerziellen Zwecks besteht. Englische Begriffe wie „Advertisement" oder „sponsored by" werden diesem Anspruch nicht gerecht. Es empfiehlt sich vielmehr die Verwendung des Begriffs „Werbung" oder „Anzeige", der beispielsweise bei Videos entweder am Anfang und/oder Ende des Videos, bestenfalls fortdauernd, eingeblendet werden sollte. Der deutlich erkennbare Hinweis „Anzeige" am linken oberen Bildschirmrand, der beim Scrollen der Seite „mitwandert", genügt, um über dem werblichen Charakter einer Internetseite aufzuklären. Bei Foto-Beiträgen auf Instagram oder Facebook unter der Verwendung von Hashtags sollte der Werbehinweis direkt an erster Stelle erfolgen.

3.2 Tell-a-friend Aktionen

Auch die Verwendung von E-Mail basierten Werbemaßnahmen, wie der „Tell-a-friend-Funktion“, wird immer beliebter. Bei dieser Werbeform wird die Werbebotschaft nicht durch das Unternehmen selbst sondern durch eine eigenverantwortlich handelnde Privatperson verbreitet. Diese kann z. B. einem Freund einen Link zu einem Artikel in einem Online-Shop per Tell-a-friend-Funktion als E-Mail zuschicken.

Beispiel: Tell-a-friend-Funktion auf dem Smartphone

Eine Einwilligung des Empfängers der Empfehlungs-E-Mail liegt dann in der Regel nicht vor. Nach § 7 Abs. 2 Nr. 3 UWG dürfen Werbemails aber nur mit Einwilligung des Empfängers versendet werden. Daher stellt sich die Frage, ob der Versand einer solchen Empfehlungs-E-Mail rechtlich wie eine unlautere Werbemail zu behandeln ist oder ob es sich nur um eine private Mail des Empfehlenden handelt.

Zu entscheiden hatte darüber nach einigen unterinstanzlichen Gerichten auch schon der BGH. Sein Urteil im Jahr 2013 hat zunächst nicht zu einer abschließenden Feststellung der Voraussetzungen für die Zulässigkeit einer solchen Funktion geführt.

Im Jahr 2016 entschied der BGH sodann eindeutig, dass Einladungs- und Erinnerungs-E-Mails, mit denen Facebook (und andere soziale Netzwerke) Nichtnutzer zum Eintritt in sein Netzwerk bewegen will, eine unzumutbare belästigende Werbung i. S. d. § 7 Abs. 1 und Abs. 2 Nr. 3 3. Alt. UWG und damit einen Verstoß gegen das Wettbewerbsrecht darstellen, wenn keine Einwilligung des Empfängers vorliegt. Denn nach Ansicht des Gerichts diene diese E-Mail primär der Förderung des Absatzes des Unternehmens Facebook und stelle daher zweifelsfrei eine Werbemaßnahme im Interesse des Netzwerks dar. Dies ließe sich auch daran erkennen, dass die Nachrichten einen Link enthielten, über den sich der Empfänger unmittelbar im Netzwerk registrieren lassen kann. Auch bemängelten die Richter, dass Nutzer nicht ausreichend über die Funktionsweise des „Freunde-Finders" aufgeklärt worden seien und daher ein Verstoß gegen das in § 5 Abs. 1 Satz 1 und 2 Nr. 1 UWG bestimmte Irreführungsverbot vorliege.

Auch liegt hier keine Ausnahme vom Einwilligungserfordernis nach den datenschutzrechtlichen Regelungen vor. Denn insbesondere die Ausnahme vom Einwilligungserfordernis aufgrund des Vorliegens eines berechtigten Interesses nach Art. 6 Abs. 1 lit. f DSGVO ist an dieser Stelle nicht einschlägig, da kein berechtigtes Interesse an wettbewerbswidrigen Werbemaßnahmen bestehen kann. Damit stellt die Weitergabe der E-Mail-Adressen der Freunde des Nutzers an das soziale Netzwerk Facebook sowohl einen Verstoß gegen geltendes Datenschutzrecht als auch gegen das Wettbewerbsrecht dar.

3.3 Fans und Follower gewinnen – Was ist zu beachten?

3.3.1 Direktmarketing im Social Web – Werbung durch private Nachrichten

Das Social Web eignet sich hervorragend dazu, potentielle Kunden direkt anzusprechen, z. B. per Direct Message (auch Private Message/PM). Dies ist aufgrund der gesetzlichen Regelungen jedoch nur dann erlaubt, wenn vor dem Versand von werblichen Privatnachrichten als elektronische Post der Unternehmer die Einwilligung des Nutzers in dessen Erhalt eingeholt hat. Dabei muss der Empfänger auch darüber aufgeklärt werden, welche Art der Werbung er erhält, von welchem Unternehmen und wie häufig. Zudem muss der Angesprochene darüber belehrt werden, dass er die Einwilligung jederzeit widerrufen kann. Andernfalls liegt eine unzumutbare und damit unzulässige Belästigung des Werbeempfängers vor. Unternehmen dürfen also nicht unaufgefordert Werbung z. B. per privater Facebook-Nachricht versenden. Auch das „Liken" einer Facebook-Seite stellt noch keine Einwilligung in den Empfang von Werbenachrichten per Direct Message dar.

Anders sieht die Rechtslage hingegen aus, wenn die Kontaktaufnahme von dem Nutzer ausgeht. Dann darf das Unternehmen dem Nutzer natürlich per privater Nachricht antworten. Diese Nachricht kann dann auch Werbung enthalten, soweit der Nutzer dies angefragt hat.

Beispiel: Beantwortung von Kundenanfragen per DM

Ein Nutzer schickt eine private Nachricht an den Facebook-Account eines Unternehmens und fragt, ob ein bestimmtes Produkt im Online-Shop noch verfügbar ist. Der Betreiber des Online-Shops schickt daraufhin einen Link zu dem angefragten Produkt.

In diesem Fall wäre das Versenden von Werbung in einer privaten Nachricht also zulässig.

In diesem Zusammenhang ist darauf hinzuweisen, dass Unternehmensseiten bei Facebook keinen Zugriff auf die Chroniken von Privatpersonen haben. Das Verbreiten von Werbung auf diesem Weg wird also von Facebook schon technisch unterbunden.

3.3.2 Fans oder Follower kaufen – Ist das erlaubt?

Eine Social Media-Präsenz, die kaum Fans oder Follower hat, wirkt wenig attraktiv. Daher lassen sich viele Unternehmen dazu verleiten, Fans oder Follower zu kaufen. Es gibt Agenturen, die sich auf eine solche „Vermittlung" von Nutzern spezialisiert haben.

Beispiel: www.fanslave.de

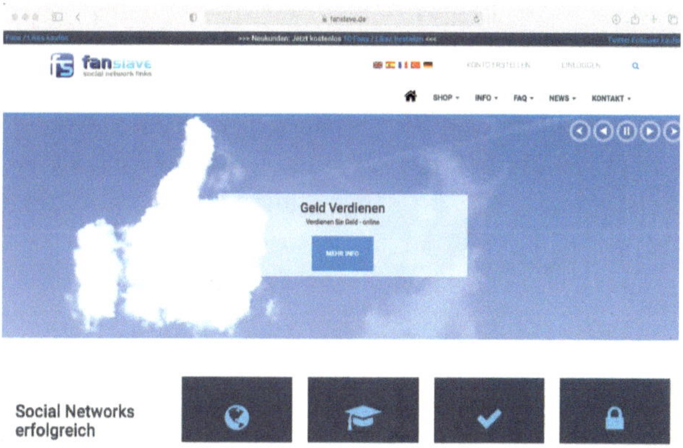

Häufig handelt es sich bei den „gekauften" Fans um Nutzer aus dem EU-Ausland, die mit der jeweiligen Seite nicht viel anfangen können. Daher ist schon fraglich, ob es aus Marketingsicht überhaupt sinnvoll ist, Fans zu kaufen. Schließlich fehlt Ihnen die notwendige Interaktion der Fans auf ihrer Seite, die im Ergebnis die Reichweite Ihrer Seite steigert. Gekaufte Freunde oder Follower sind damit letztlich nicht mehr als eine Zahl und sollten daher auch nicht überschätzt werden.

Beispiel: **Gekaufte Likes bei Donald Trump?**

Stern TV hat nach der Wahl des US-Präsidenten Donald Trump dessen Facebook-Profil einmal näher untersucht und dabei festgestellt, dass 600.000 Inder auf den „Gefällt mir"-Butten gedrückt haben, aus Bangladesch mehr als 250.000 Likes stammen und der Präsident sogar in Mexiko mehr als 300.000 Trump-Fans habe.

Doch unabhängig von der Sinnhaftigkeit dieser Vorgehensweise stellt sich die Frage, ob der Kauf von Fans oder Followern rechtlich überhaupt zulässig ist. Denn unter Umständen kann das „Liken" einer Facebook-Seite oder das „Folgen" bei einem Twitter-Account eine unzulässige bezahlte Nutzermeinung darstellen. Manche vertreten die Auffassung, dass das „Liken" einer Facebook-Seite nur als „unverbindliche Gefallensäußerung" zu qualifizieren sei, also nicht als positive Bewertung. Das Landgericht Stuttgart (Beschl. v. 06.08.2014 – 37 O 34/14) hat jedenfalls entschieden, dass das Kaufen von Fans, Likes oder Gefällt mir-Angaben wettbewerbswidrig ist und daher Konsequenzen haben kann. Auch sollte ein Blick in die Nutzungsbedingungen der sozialen Netzwerke geworfen werden. Denn auch die sind nicht immer damit einverstanden. Aus rechtlicher Sicht ist daher also eher davon abzuraten, Fans oder Follower zu kaufen.

3.3.3 Gewinnspiele – mit attraktiven Preisen Nutzer anlocken

Ein Gewinnspiel eignet sich hervorragend, um neue Nutzer für die Seite zu interessieren. Auch hierbei müssen die gesetzlichen Vorgaben sowie die Regelungen der Plattformanbieter berücksichtigt werden.

Wichtig ist zunächst, dass Gewinnspiele immer kostenlos sein müssen. Wenn für die Teilnahme an einem Gewinnspiel ein Einsatz verlangt wird und der Gewinner durch Zufall ermittelt wird, handelt es sich nicht mehr um ein Gewinnspiel, sondern um ein Glücksspiel. Die Veranstaltung eines Glücksspiels darf nur mit behördlicher Genehmigung erfolgen. Wer eine solche Genehmigung nicht hat und trotzdem ein illegales Glücksspiel veranstaltet, begeht eine Straftat (§ 284 StGB).

Es ist mittlerweile erlaubt, die Teilnahme an einem Gewinnspiel von dem Erwerb einer Ware oder Dienstleistung oder dem im Social Web besonders verbreiteten Teilen bzw. Kommentieren von Beiträgen oder Abbonieren von Seiten abhängig zu machen. Das war früher noch anders – es galt nämlich das sog. Koppelungsverbot. Danach war es unlauter, die Teilnahme an einem Gewinnspiel an eine Gegenleistung zu koppeln. Dieses Verbot ist durch ein bedeutendes Urteil des BGH (Urt. v. 05.10.2010 – I ZR 4/06) aufgehoben worden. Nun ist es also z. B. erlaubt, ein Gewinnspiel nur für Käufer eines Produktes oder die Abonnenten einer Seite anzubieten.

Beispiel: **Gewinnspiel auf Instagram**

Dabei müssen jedoch ein paar ganz grundsätzliche Regeln eingehalten werden.

Zunächst einmal müssen Gewinnspiele transparent gestaltet werden. Daher muss jedes Gewinnspiel klar verständliche Teilnahmebedingungen haben, die den Teilnehmer darüber aufgeklären, unter welchen Voraussetzungen er an dem Gewinnspiel teilnehmen kann und wie das Gewinnspiel vom Start bis zum Ende abläuft.

Folgende Informationen sollten in den Teilnahmebedingungen enthalten sein:

- Name und Anschrift des Veranstalters,
- Teilnahmevoraussetzungen (Was muss man tun, um teilzunehmen? Wer darf teilnehmen?),
- Teilnahmezeitraum,
- Angaben zum Gewinn (Welche Gewinne gibt es? Ggf. genauere Angaben zu Art und Umfang des Gewinnes, z. B. bei Reisen),

- Angaben zur Ermittlung des Gewinners (Wie wird der Gewinner ermittelt? Wie erfolgt die Benachrichtigung des Gewinners?),
- Hinweise zum Umgang mit den personenbezogenen Daten,
- Ausschluss des Rechtswegs,
- Pflichtangaben nach den Gewinnspielbedingungen der Plattformen (siehe unten).

Die Teilnahmebedingungen müssen dem Teilnehmer rechtzeitig, also vor der Teilnahme an dem Gewinnspiel zur Verfügung gestellt werden. Da es kaum möglich ist, die gesamten Teilnahmebedingungen in einem Post unterzubringen, bietet es sich an, diese auf einer anderen Seite zu veröffentlichen und auf diese Seite bei Bewerbung des Gewinnspiels einen Link zu setzen. Die Angabe des Wertes des Gewinnes ist aber nicht zwingend erforderlich. Es darf aber nicht über den Wert des Gewinnes oder die Gewinnchancen irregeführt werden. Die personenbezogenen Daten der Teilnehmer dürfen nicht ohne ihre Einwilligung zu Werbezwecken verwendet werden. Der Name des Gewinners darf zudem aus Datenschutzgründen nicht ohne seine Einwilligung veröffentlicht werden.

3.3.4 Richtlinien der Plattformen

Neben den gesetzlichen Vorgaben müssen Nutzer auch die Regelungen der Plattformen einhalten. Diese halten teilweise sehr spezielle Regelungen zum Thema Gewinnspiele bereit, teils aber auch allgemeine Werberichtlinien, die Ihnen Aufschluss darüber geben, wie Sie soziale Netzwerke clever für unternehmerische Zwecke nutzen können. Wie diese Plattformregelungen aussehen, wird an dieser Stelle am Beispiel von Facebook und Twitter beleuchtet.

Gewinnspielbedingungen bei Facebook (Stand: August 2021)

(www.facebook.com/policies_center/pages_groups_events)

Veranstalter von Gewinnspielen bei Facebook müssen zudem folgende Regelungen beachten:

- Einhaltung des nationalen Rechts des Landes, in dem das Gewionnspiel veranstaltet wird.
- Hinweis auf die vollständige Freistellung von Facebook
- Anerkennung, dass die Promotion in keiner Verbindung zu Facebook steht und in keiner Weise von Facebook gesponsert, unterstützt oder organisiert wird.
- Keine Verwenung der Timelines der Nutzer für das eigene Gewinnsiel

Unternehmen können das Gewinnspiel direkt auf der eigenen Seite teilen und bewerben. Möglich ist es dazu auch, die Teilnahme an dem Gewinnspiel von dem Liken eines Beitrags abhängig zu machen. Eine Pflicht zum Teilen des Beitrags oder zum Verlinken eines Freundes des Nutzers als Bedingung für die Teilnahme an dem Grundstück ist hingegen nicht erlaubt.

Gewinnspielbedingungen bei Twitter (Stand: August 2021)

(help.twitter.com/de/rules-and-policies/twitter-contest-rules)

Die Gewinnspielbedingungen bei Twitter sehen unter anderem

folgende Regelungen vor:

- Teilnahmebedingungen müssen vorsehen, dass Personen mit mehreren Accounts von der Teilnahme ausgeschlossen werden.
- Wiederholtes Posten desselben Tweets muss verhindert werden.

- Die Nutzer sollen aufgefordert werden, eine @Antwort an den Veranstalter in Ihre Aktualisierung einzufügen, damit der Veranstalter alle Einträge sehen kann.
- Die Nutzer sollen aufgefordert werden, Hashtags zu verwenden, die mit dem Gewinnspiel in einem thematischen Zusammenhang stehen.
- Twitter-Regeln beachten.
- Gesetzliche Bestimmungen beachten.

Neben den Richtlinien zur Organisation von Gewinnspielen existieren auch Vorgaben zur Gestaltung von Werbeanzeigen. Natürlich ändern sich auch diese Richtlinien von Zeit zu Zeit, sodass Sie regelmäßig überprüfen sollten, ob Ihre Werbeaktionen noch den aktuellen Richtlinien entsprechen.

Facebook-Werberichtlinien (Stand: August 2021)

(www.facebook.com/policies/ads/)

Nach den Facebook Werberichtlinien müssen Werbeanzeigen bei Facebook unter anderem folgende Voraussetzungen erfüllen:

- Keine Werbung für bestimmte problematische Inhalte (z. B. Tabakprodukte, Waffen usw.).
- Besondere Voraussetzungen bei anderen problematischen Inhalten (Dating, Alkohol, Online-Kasinos, Online-Apotheken usw.).
- Keine unrealistischen Vorher-Nachher-Bilder.
- Keine defekten Zielseiten; keine Zielseiten, die man nicht verlassen kann.
- Werbefoto darf zu maximal 20 % mit Text/Logo überschrieben werden.

- Fehlerfreie Rechtschreibung, Grammatik und Zeichensetzung.
- Es darf keine Partnerschaft mit Facebook vorgetäuscht werden.
- Keine Verwendung des Facebook-Logos.

Diese Liste stellt jedoch lediglich eine Auswahl der zu beachtenden Vorgaben dar. Bevor Sie eine Werbeanzeige bei Facebook schalten, sollten Sie die Bedingungen daher vollständig prüfen.

Daneben hat Facebook auch sehr genaue Vorgaben dazu, wie Facebook Marken, z. B. das blaue „f" oder der Like-Button, verwendet werden dürfen. Mehr Informationen dazu finden sich unter diesem Link: *www.facebookbrand.com*.

Twitter-Werberichtlinien (Stand: August 2021)

Die Twitter-Werberichtlinien bestehen aus einer Vielzahl unterschiedlicher Richtlinien (*business.twitter.com/de/help/ads-policies.html*). Einige treffen jedoch nur auf die Werbung für bestimmte Produkte zu, z. B. Tabak, Waffen oder Glücksspiel. Eine genaue Lektüre dieser Bestimmungen schützt vor Sperrungen oder gar Löschungen des Accounts durch den Plattformbetreiber aufgrund des Verstoßes gegen die Nutzungsbedingungen der Plattform.

3.4 Online-Bewertungsportale

Ob Hotels, Waschmaschinen oder Ärzte – zu fast jedem Produkt und jeder Dienstleistung finden sich Bewertungen im Netz. Klassiker sind die Google-Bewertungen, die einem beispielsweise bei der Suche nach einem Restaurant eingeblendet werden. Daneben gibt es eine Vielzahl von Bewertungsportalen, die sich meist auf bestimmte Produkt- oder Dienstleistungsbranchen spezialisiert haben (z. B. Holidaycheck für Hotels oder Jameda für Ärzte). Aber auch in Online-Shops spielen Kundenbewertungen eine wichtige Rolle. Sie sollen Kunden helfen, die richtige Kaufentscheidung zu treffen. Auch in sozialen Netzwerken gibt es die Möglichkeit, Unternehmen oder Produkte zu bewerten. Zum einen durch das direkte Posten von Beiträgen auf den Kanal bzw. das Profil des Unternehmens, zum anderen durch das Nutzen spezieller Bewertungsfunktionen. So gibt es beispielsweise Dienstleister, die eine Software anbieten, durch die Kunden auf der Basis von verifizierten Transaktionen das Unternehmen bewerten können. Diese Bewertungen werden sodann auf der Webseite des Unternehmens und z. B. auch bei Google-Adwords angezeigt.

Beispiel: Auf provenexpert.com können Mandanten die Kanzlei WBS bewerten

Die Kunden gehen dabei davon aus, dass es sich um echte und ehrliche Bewertungen von Käufern des Produktes oder Nutzern einer Dienstleistung handelt und wollen von deren Erfahrungen profitieren. Doch dies ist leider nicht immer der Fall. Da Bewertungen auch unabhängig davon abgegeben werden können, ob tatsächlich das Produkt oder die Dienstleistung getestet wurde, besteht einerseits das Risiko, dass unliebsame Konkurrenten ein Unternehmen negativ bewerten. Im Gegenzug ist es aber auch möglich, dass das Unternehmen selbst nachhilft, um besser dazustehen. Für Letzteres gibt es verschiedene Möglichkeiten, die rechtlich nicht ganz unbedenklich sind.

3.4.1 Gefälschte oder gekaufte Nutzermeinungen

Manche Unternehmen beauftragen beispielsweise Blogger oder PR-Agenturen damit, gezielt gefälschte positive Kundenbewertungen in sozialen Netzwerken oder in Bewertungsplattformen zu platzieren. In manchen Fällen werden über das Konkurrenzunternehmen oder seine Produkte auch gezielt negative Kundenbewertungen im Netz verbreitet. Diese (rechtswidrige) Form des Marketings wird auch unter dem Stichwort „Astroturfing“ behandelt.

Aus rechtlicher Sicht ist die Verbreitung gefälschter Kundenbewertungen ein Verstoß gegen wettbewerbsrechtliche Vorschriften. Diese Rechtsverletzung kann daher von Konkurrenten und Verbänden kostenpflichtig abgemahnt werden. Darüber hinaus entsteht für das Unternehmen, das solche Methoden anwendet, ein erheblicher Imageschaden, wenn derartige Vorgehensweisen öffentlich bekannt werden. Das Vertrauen der Kunden ist dabei meist irreparabel beschädigt.

3.4.2 Meinungen von Betriebsangehörigen

Der Vorwurf, dass ein Unternehmen Kundenbewertungen fälscht, steht auch dann im Raum, wenn sich Mitarbeiter des Unternehmens auf Aufforderung der Leitung oder auch von sich aus auf Bewertungsportalen positiv über das Unternehmen oder seine Produkte äußern. Solche Fälle werden in aller Regel nicht öffentlich bekannt, zu. a. durch die Verwendung von Pseudonymen eine Rückverfolgung des Autors einer Bewertung ohnehin kaum möglich ist. Wenn sich jedoch herausstellt, dass Mitarbeiter des Unternehmens positive Bewertungen über das Unternehmen oder seine Produkte im Netz verbreiten, kann dies durchaus zu negativer PR führen.

Beispiel: Bewertung durch Mitarbeiter

In einem unabhängigen Blog wird unter dem Namen „Ralf" folgender Eintrag veröffentlicht: *„Die XY Versicherung ist die beste Rechtsschutzversicherung, die es gibt. Einmal angefragt, schon kam die Deckungszusage, mein Anwalt als auch ich sind begeistert. Weiter so XY Versicherung und mit dem neuen Produkt Recht & Heim ist die XY Versicherung unschlagbar. Eine der fairsten und kompetentesten Versicherungen, die ich kenne."*

Eine Recherche ergab, dass dieser Eintrag von einem Mitarbeiter der Versicherung verfasst worden war, ohne dass dies erkennbar gemacht wurde. Das Landgericht Hamburg (Beschl. v. 03.01.2012, Az. 312 O 715/11, bestätigt durch Urt. v. 24.04.2012, Az. 312 O 715/11) sah darin eine unzulässige Schleichwerbung und erließ eine einstweilige Verfügung gegen die Versicherung.

Betriebsangehörigen ist die Bewertung ihres Arbeitgebers nicht verboten. Entscheidend ist nur auch hier die Transparenz. Der Mitarbeiter muss in der Bewertung angeben, dass er Teil des Unternehmens ist, damit die Nutzer auch erkennen können, dass seine Bewertung möglicherweise nicht ganz unvoreingenommen abgegeben wurde. Für das Unternehmen als Arbeitgeber empfiehlt es sich, in Social Media Guidelines zu regeln, dass die Unternehmenszugehörigkeit in solchen Fällen immer kenntlich gemacht werden muss.

3.5 Besucheranalyse durch Tracking-Tools

Um den Erfolg von Social Media-Aktivitäten zu messen, sind Daten über die Nutzer des Angebots erforderlich. Wie viele Nutzer lesen die Beiträge? Aus welchen Ländern kommen die Nutzer? Wie alt sind sie im Durchschnitt? Antworten auf diese Fragen können dabei helfen, das Social Media-Angebot zu verbessern und an die richtige Zielgruppe anzupassen.

Dies ist oft bares Geld wert, denn entscheidende Informationen über besuchte Webseiten sowie angesehene oder gekaufte Produkte sind wertvoll. Das Datenschutzrecht jedoch stellt hohe Anforderungen an das Sammeln und Auswerten solcher Nutzerdaten, wenn es sich um personenbezogene Daten im Sinne des Art. 4 Nr. 1 DSGVO. Personenbezug setzt nicht unbedingt voraus, dass der Name einer Person erhoben wird. Es reicht vielmehr schon aus, dass so viele Informationen über eine Person bekannt sind, dass Sie eindeutig identifiziert werden kann. Da ein Personenbezug regelmäßig vorliegt, haben europäische und nationale Gerichte gleich mehrere Urteile gefällt, die Online-Tracking und vor allem auch die grenzüberschreitende Nutzung oder Übermittlung personenbezogener Daten vor hohe Hürden stellen.

Tracking-Technologien wie zum Beispiel Google Analytics ermöglichen es auch, Nutzer geräteübergreifend wiederzuerkennen und ein Nutzer-Profil von ihnen anzulegen und zu speichern. Dieses Wissen kann der Betreiber der Technologie mit Dritten wie Werbe-Dienstleistern oder Sozialen Netzwerken teilen. Dadurch werden Informationen über das Verhalten und bspw. Vorlieben oder Kaufkraft, politische und religiöse Ansichten und andere sensible Informationen über die jeweiligen Nutzer aus verschiedenen Quellen zusammengeführt und ein Nutzerprofil erstellt. Oftmals finden die Datensammlungen auch außerhalb des Geltungsbereichs europäischer Datenschutzgesetze statt. Wofür diese Datenprofile von den diversen Firmen genutzt werden, ist zumeist unklar. Wenn das Tracking-Tool dazu personenbezogene Daten verwendet, dann muss der Betroffene darin eingewilligt haben. Die Einwilligung soll dabei durch die sogenannten „Cookie-Banner“ eingeholt werden, da es letztlich die „Cookies“ sind, die das Tracking ermöglichen. Dabei handelt es sich um kleine Textdateien zur Erkennung von Nutzern, die Anbieter einer Website auf dem Computer des Nutzers speichern.

Mit Urteil des EuGH (Urt. v. 01.10.2019, Az. C-673/17) zur Privatsphäre im digitalen Raum haben die europäischen Richter wegweisend entschieden, dass wenn Webseitenbetreiber eine Einwilligung für Cookies benötigen, Nutzer diese aktiv setzen können müssen. Eine Einwilligung durch ein voreingestelltes Ankreuzkästchen, das der Nutzer zur Verweigerung seiner Einwilligung abwählen muss, gilt nicht als wirksam erteilte Einwilligung. Auch die Betätigung einer Schaltfläche für die Teilnahme an einem Gewinnspiel sei keine wirksame Einwilligung des Nutzers in die Speicherung von Cookies.

Diese Vorgaben zur Einwilligung gelten sowohl für die ePrivacy- bzw. Cookie Richtlinie, als auch für die Datenschutzgrundverordnung (DSGVO). Diese drei Gesetze sind einheitlich auszulegen. Darüber hinaus müssten die Webseiten in diesen Fällen gegenüber den Nutzern u. a. über Angaben zur Funktionsdauer der Cookies informieren und sagen, ob Dritte auf den Cookie Zugriff erhalten.Schließlich ist es für die Anwendbarkeit von

Art. 5 Abs. 3 der ePrivacy-Richtlinie irrelevant, ob mit dem gesetzten Cookie nun personenbezogene Daten erhoben werden oder nicht – sie gilt in beiden Fällen.

In der Folge entschied der BGH (Urt. v. 28.05.2020, Az. I ZR 7/16) erwartungsgemäß, dass derjenige, der Cookies auf Internetseiten setzen will, in jedem Fall die aktive Zustimmung des Nutzers benötige. Ein voreingestellter Haken im Feld zur Cookie-Einwilligung benachteilige den Nutzer unangemessen. Damit hat er zugleich Cookie-Banner für unrechtmäßig erklärt, wenn diese nur „weggeklickt" werden können.

Ende des Jahr 2020 wurde sodann bekannt, dass die deutschen Datenschutzbehörden gegen europäische Unternehmen wegen rechtswidrigem Cookie-Einsatz ermittelt haben. Darunter befanden sich auch bekannte deutsche Firmen. Hintergrund war der Umstand, dass die strengen Vorgaben der höchstrichterlichen Entscheidungen, nicht von allen Unternehmen entsprechend umgesetzt wurden. Weder was die Einwilligung, noch was den nicht ganz unproblematischen Datentransfer in Drittstaaten wie die USA betrifft. Denn der EuGH hatte auf eine Klage des Datenschützers Max Schrems am 16. Juli 2020 den Beschluss der EU-Kommission zum EU-US-Privacy-Shield gekippt, das den rechtskonformen Datentransfer ind die USA ermöglichte. Die Begründung: Bei der Übermittlung von personenbezogenen Daten in die USA könne dieser nach EU-Recht kein angemessenes Datenschutzniveau gewährleisten. Die amerikanischen Behörden hätten zu weitreichende Befugnisse, um auf die übermittelten personenbezogenen Daten zuzugreifen. Das US-Privacy Shield war damit Vergangenheit. Die Übermittlung personenbezogener Daten in die USA auf der Grundlage des Privacy Shield ist seitdem unzulässig und musste unverzüglich eingestellt werden. Für Unternehmen bedeutete das: Sie mussten jegliche Datenübertragung unter dem Privacy Shield stoppen.

Für Unternehmen, die Tracking Dienste mit Datentransfer in Drittstaaten nutzen, bedeutet dies nun, dass ihnen eigentlich nur noch die Möglichkeit bleibt, die Einwilligung des Nutzers auch auf die Verarbeitung in einem unsicheren Drittland zu erstrecken. Diese Möglichkeit sieht die DSGVO in Art. 49 Abs. 1 lit. a sogar vor.

3.6 Social Media Monitoring

Manche Arbeitgeber haben ein Interesse daran zu erfahren, welche Informationen das Internet über einen Bewerber oder einen Arbeitnehmer hergibt. Um an diese Informationen zu gelangen, bietet sich eine Recherche in Suchmaschinen oder sozialen Netzwerken an. Es geht oft nicht darum, das Privatleben des Arbeitnehmers auszuspähen, sondern z. B. darum, sich einen besseren Eindruck über die Persönlichkeit des Bewerbers zu verschaffen oder ein Fehlverhalten des Arbeitnehmers aufzudecken.

Beispiel 1: Bewerberrecherche

Der Arbeitgeber prüft über eine Recherche auf der Berufsplattform Xing, ob die eingereichten Daten im Lebenslauf des Bewerbers mit dem im Xing-Profil angegebenen Daten übereinstimmen.

Beispiel 2: Mitarbeiterrecherche

Der Arbeitnehmer meldet sich an einem Freitag krank. Kollegen berichten jedoch über Fotos des Arbeitnehmers bei Facebook, die er gerade direkt vom verlängerten Surfwochenende in Holland gepostet hat. Der Arbeitgeber fragt sich, ob er nun nach diesen Fotos suchen und auf dieser Grundlage eine Abmahnung aussprechen darf.

Online-Recherchen des Arbeitgebers, bei denen personenbezogene Daten (dazu zählen auch Fotos) des Arbeitnehmers oder Bewerbers betroffen sind, sind rechtlich nicht ganz unproblematisch. Denn Online-Recherchen stellen datenschutzrechtlich eine Datenerhebung i. S. d. Art. 4 Nr. 2 DSGVO dar, weshalb es schon für die bewusste und gewollte, rein visuelle Wahrnehmung der Arbeitnehmerdaten einer Beachtung der DSGVO bzw. des BDSG bedarf. Gemäß Art. 13 Abs. 1 und 2 DSGVO müssen Unternehmen ihre Bewerber schon bei Eingang der Unterlagen u. a. über die Art und Weise der Datenerhebung sowie die Dauer der Aufbewahrung belehren. Diese Belehrung muss dann auch die Information über die Recherche über soziale Netzwerke umfassen und der Bewerber muss darin einwilligen – dies gilt auch im Bewerbungsstadium. An solch einer Einwilligung fehlt es in der Praxis jedoch regelmäßig, obwohl Recherchen in einem sehr umfangreichen Ausmaß vorgenommen werden.

Dieses Einwilligungserfordernis galt nach dem BDSG a.F. dann nicht, wenn die erhobenen Daten beispielsweise über eine Suchmaschinenrecherche frei zugänglich waren. Dabei war jedoch unter Juristen umstritten, inwieweit Informationen aus dem Social Web überhaupt frei zugänglich sind. Diese Frage ist seit Inkrafttreten der DSGVO obsolet, denn eine entsprechende Regelung findet sich weder in der DSGVO, noch in § 26 BDSG, der die Datenverarbeitung für Zwecke des Beschäftigungsverhältnisses regelt. Demnach gelten die allgemeinen Grundsätze, wonach eine Einwilligung nur dann nicht erforderlich ist, wenn ein Fall vorliegt, der in Art. 6 Abs. 1 DSGVO geregelt ist. In diesem Fall kommt eine Datenverarbeitung zum Zwecke der Vertragserfüllung oder des Vertragsabschlusses in Betracht. Voraussetzung dafür ist jedoch, dass die Datenverarbeitung dafür auch tatsächlich erforderlich ist – wann dies der Fall ist, dazu schweigt das Gesetz. Es ist daher fragwürdig, ob die Mitarbeiterrecherche in sozialen Netzwerken tatsächlich zum Abschluss des Arbeitsvertrages erforderlich ist. Dies wird künftig die Rechtsprechung im konkreten Einzelfall auf Basis einer Interessenabwägung entscheiden müssen. Sollte die zu dem Ergebnis kommen, dass die Recherche nicht erforderlich ist, bleibt nur noch die Erlaubnis über berechtigte Interessen gemäß Art. 6 Abs. 1 lit. f DSGVO. In diesen Fällen muss dann das Gericht im Wege der Interessenabwägung entscheiden, ob die Datenverarbeitung auch ohne die Einwilligung des Bewerbers bz. Arbeitnehmers zulässig ist. Dabei könnten Unternehmen unter Umständen die freie Zugänglichkeit der Informationen in öffentlichen Profilen sozialer Netzwerke als Argument für Unternehmer anführen und sich dabei darauf berufen, dass sich aus der Tatsache, dass die DSGVO kein Gebot der Direkterhebung mehr normiert, schließen lässt, dass die Verarbeitung öffentlicher Daten nicht ausgeschlossen ist. Dabei könnte unterstützend auch auf Art. 9 Abs. 2 lit. e DSGVO hingewiesen werden, wonach eine Verarbeitung sogar sensibler Daten erlaubt ist, wenn der Betroffene sie selbst öffentlich gemacht hat. Dies muss dann erst recht für nicht-sensible Daten in öffentlichen Profilen sozialer Netzwerke gelten.

Zumindest ist ein berechtigtes Interesse des Arbeitgebers aber dann anzunehmen, wenn erhebliche Verdachtsmomente auf ein Fehlverhalten des Arbeitnehmers (wie etwa Hinweisen von Kollegen) bestehen. Dann ist anzunehmen, dass der Arbeitgeber auf Informationen, die in sozialen Netzwerken frei zugänglich sind, zugreifen darf. Anders könnte die Entscheidung hingegen im Falle freizeitorientierter Netzwerke ausfallen, wenn Daten, die gezielt nur einem beschränkten Kreis an „Freunden" zugänglich sind und damit eindeutig nicht „öffentlich zugänglich" sind, recherchiert werden. Aus reiner Neugier und ohne triftigen Grund dürften jedoch seitens des Arbeitgebers keine Recherchen in sozialen Netzwerken durchgeführt werden Grundsätzlich schließt die Tatsache, dass sich der Arbeitgeber bei einem sozialen Netzwerk anmelden muss, um Informationen einsehen zu können, die allgemeine Zugänglichkeit der Informationen nicht aus.

Aber auch wenn eine Einwilligung nicht erforderlich ist, darf die Datenverarbeitung nicht im Geheimen ablaufen. Für die Fälle, in denen die Daten nicht direkt beim Betroffenen erhoben werden, normiert Art. 14 DSGVO umfassende Informationspflichten.

4 Social Media im Arbeitsverhältnis

In Zeiten, in denen soziale Medien im alltäglichen Leben omnipräsent sind, ist es nicht ungewöhnlich, dass sie auch im Arbeitsverhältnis eine immer größere Bedeutung erlangen. Schon lange nutzen Arbeitgeber Social-Media-Plattformen für ihr Unternehmen und haben es in den Arbeitsalltag integriert. Zu beruflichen Zwecken ist eine Nutzung jedenfalls unzweifelhaft zulässig, teils sogar Bestandteil des Aufgabenbereichs des Mitarbeiters. Schließlich hat ein Großteil der deutschen Unternehmen die Vorteile der Social-Media-Plattformen erkannt und nutzt sie als inzwischen klassisches Kommunikationsmittel mit (potentiellen) Kunden. Teils werden auch die Arbeitnehmer angehalten, soziale Netzwerke im Interesse des Unternehmens zu verwenden.

Wie aber sieht es mit der rein privaten Nutzung des Social Web aus? Denn gerade diese Selbstverständlichkeit der Nutzung sozialer Netzwerke wirft zahlreiche Fragen auf und birgt Risiken, die es zu minimieren gilt. Schließlich ist es kein Geheimnis, dass viele Arbeitnehmer das Internet am Arbeitsplatz auch zu privaten Zwecken nutzen. Das betrifft insbesondere die Nutzung sozialer Medien während der Arbeitszeit. Dabei stellt sich für den Mitarbeiter nicht selten die Frage: Darf ich das überhaupt und wenn ja, in welchem Umfang?

Das folgende Kapitel setzt sich mit eben dieser Thematik auseinander. Es wird aufgezeigt, in welchem Rahmen der Arbeitnehmer soziale Medien am Arbeitsplatz nutzen darf, welche Konsequenzen arbeitgeberschädigende Äußerungen im Social Web haben können, und inwiefern sich der Arbeitgeber durch sog. Social Media Guidelines vor Missbrauch schützen kann. Die folgenden Erläuterungen sollen sowohl die arbeitgeber – als auch die arbeitnehmerrechtlichen Interessen beleuchten.

4.1 Private Nutzung während der Arbeitszeit

Ob der Arbeitnehmer das Social Web während der Arbeitszeit auch zu privaten Zwecken verwenden darf, bestimmt sich insbesondere danach, was der Arbeitgeber ihm dazu vorgibt. Im Rahmen seines sog. Direktions- oder Weisungsrechtes kann dieser grundsätzlich anordnen, ob und in welchem Umfang Soziale Medien während der Arbeitszeit genutzt werden dürfen. Dabei gibt es im Wesentlichen vier Regelungsmodelle, die der Arbeitgeber vorgeben kann:

- er erteilt ausdrücklich eine Erlaubnis,
- er erlaubt die Nutzung in einem bestimmten Umfang,
- er spricht explizit ein Verbot aus,
- er duldet die private Nutzung zumindest stillschweigend.

Maßgeblich für die Zulässigkeit der privaten Nutzung des Social Web am Arbeitsplatz ist also der Wille des Arbeitgebers. Als Arbeitnehmer sollte man sich deshalb zunächst darüber informieren, ob es eine ausdrückliche Regelung zu diesem Thema im Betrieb gibt. Ist dies – wie in den meisten Fällen – nicht der Fall, kommt zumindest eine stillschweigende Duldung seitens des Arbeitgebers in Betracht.

Hat man nun festgestellt, dass der eigene Arbeitgeber grundsätzlich eine private Nutzung gestattet oder jedenfalls duldet, bleibt immer noch die Frage nach dem zulässigen Umfang. Auch dazu ist zunächst darauf abzustellen, welche ausdrücklichen Vorgaben der Arbeitgeber hierzu macht. Fehlt es jedoch an expliziten Regelungen, erstreckt sich eine Gestattung oder Duldung allenfalls auf eine private Nutzung in einem normalen bzw. angemessenen zeitlichen Rahmen. Der Arbeitnehmer kann nicht davon ausgehen, dass der Arbeitgeber eine Nutzung in erheblichem zeitlichem Umfang zulässt oder duldet.

Dies hat u. a. auch das Bundesarbeitsgericht (Urt. v. 07.07.2005, 2 AZR 581/04) in einem Fall so entschieden. Dort ging es um die Zulässigkeit einer außerordentlichen Kündigung eines Arbeitnehmers, der in „ausschweifendem" Umfang das Internet zu privaten Zwecken genutzt hatte und infolgedessen seine Aufgaben nicht ordentlich erfüllt hat. Laut höchstrichterlicher Auffassung habe er damit seine arbeitsvertraglichen Pflichten verletzt. Eine außerordentliche Kündigung durch den Arbeitgeber sei deshalb zulässig gewesen. Etwas anderes könne sich nur dann ergeben, wenn es für den betroffenen Mitarbeiter in dem konkreten Zeitraum, in dem er das Internet zu privaten Zwecken nutze, mangels Arbeitsanfall keine Aufträge gebe und er deshalb ohnehin untätig bliebe.

Als Arbeitnehmer sollte einem also klar sein, dass die private Nutzung des Internets und damit auch der sozialen Medien keine negativen Auswirkungen auf die arbeitsvertraglichen Pflichten haben darf. Wer seiner Arbeit infolge der Nutzung des Social Web nicht ordnungsgemäß nachkommt, kann also gekündigt werden. Entsprechend wichtig ist es daher, im Vorfeld der Nutzung mit dem Arbeitgeber zu klären, was erlaubt ist, und was nicht.

In diesem Bereich spielen auch sog. Social Media Guidelines, die genau einer solchen Regulierung dienen sollen, eine immer größere Rolle (dazu ▸*Kapitel 4.2.6*). Ein besonderes Augenmerk soll dabei auch auf die Bewertung solcher Arbeitnehmeräußerungen gelegt werden, die auf einer Bewertungsplattform für das eigene Unternehmen erfolgen.

4.2 Arbeitgeberschädigende Äußerungen

Ein negatives Posting über den Arbeitgeber oder Kollegen ist in einem sozialen Netzwerk schnell verfasst. Tiefergehende Gedanken über (arbeits-)rechtliche Konsequenzen macht sich der Verfasser dabei in der Regel nicht. In der juristischen Praxis nehmen die Fälle negativer Äußerungen von Mitarbeitern über ihr Unternehmen oder ihre Kollegen daher zu. Vor allem die Arbeitsgerichte spüren das. Immer häufiger landen Kündigungsschutzklagen, denen ein Sachverhalt im Social Web zugrunde liegt, auf den Tischen der Arbeitsrichter. Zu klären haben sie dabei in der Regel die Frage, ob die Kündigung – als sog. ultima ratio der zur Verfügung stehenden arbeitsrechtlichen Maßnahmen – in Ordnung war oder ob nicht der Rückgriff auf andere, mildere Mittel ausgereicht hätte.

Lästereien über den Arbeitgeber oder zwischen Kollegen untereinander sind natürlich kein neues Phänomen. Über die sozialen Medien erreicht man jedoch in viel kürzerer Zeit viel mehr Menschen als durch verbale Äußerungen gegenüber einzelnen Personen. Da die Äußerung des Arbeitnehmers im Internet abrufbar ist, besteht die Gefahr, dass auch (potentielle) Kunden oder Geschäftspartner diese wahrnehmen. Dem Unternehmer kann also mittlerweile nicht nur deutlich schneller, sondern auch deutlich länger negative Kritik anhaften. Die Nutzung sozialer Medien birgt also die Gefahr einer nachhaltigen Rufschädigung und unterscheidet sich dadurch von in anderen Medien geäußerter Kritik.

Das folgende Kapitel soll aufzeigen, wie negative Äußerungen über den Arbeitgeber rechtlich zu beurteilen sind. Dabei sollen die wichtigsten Aspekte sowohl aus Sicht des Arbeitgebers als auch aus Sicht des Arbeitnehmers beleuchtet werden. Für den Unternehmer selbst ist es vor allem wichtig zu wissen, welche Äußerungen eines Arbeitnehmers er im Social Web zu dulden hat und gegen welches Verhalten er sich zur Wehr setzen kann. Umgekehrt ist es für den Arbeitnehmer von nicht unerheblicher Bedeutung zu wissen, welche Aussagen man im Internet vermeiden sollte, um keine arbeitsrechtlichen Konsequenzen befürchten zu müssen.

4.2.1 Überblick: Arten von Äußerungen

Wie in anderen Lebensbereichen auch ist Kritik im Rahmen des Arbeitsverhältnisses nicht generell verboten. Die Meinungsfreiheit gestattet es dem Arbeitnehmer grundsätzlich, sich auch negativ über seinen Arbeitgeber und/oder das eigene Unternehmen zu äußern. Sachliche und angemessene Kritik ist also immer zulässig. Allerdings gilt auch in diesem Bereich die Meinungsfreiheit nicht grenzenlos. Insbesondere aus den aus dem Arbeitsverhältnis resultierenden Rücksichts- und Treuepflichten des Arbeitnehmers gegenüber seinem Arbeitgeber ergeben sich bereits Einschränkungen. Anders als unternehmensfremde Personen ist man als Mitarbeiter nämlich zu Loyalität gegenüber seinem Arbeitgeber verpflichtet. Allein aus diesem Grund kann sich schon eine Zurückhaltungspflicht hinsichtlich negativer Postings auf Social-Media-Plattformen ergeben. Neben den besonderen Pflichten aus dem Arbeitsverhältnis gelten für die Arbeitnehmer grundsätzlich aber auch die rechtlichen Regeln, an die sich jeder Nutzer im Social Web zu halten hat.

4.2.1.1 Strafbare Äußerungen

Darunter sind vor allem strafbare Äußerungen zu verstehen, die – unabhängig von dem Bestehen eines Arbeitsverhältnisses – verfolgt werden können. Im Folgenden ein kurzer Aufriss der in diesem Zusammenhang relevanten Straftatbestände:

- Beleidigungen

Aussagen mit ehrverletzendem Charakter können auf Anzeige des Betroffenen nach § 185 StGB mit Geld- oder Freiheitsstrafe von bis zu einem Jahr geahndet werden.

Beispiel: **Ehrverletzende Äußerung bei Facebook**

Umfasst werden davon auch solche Äußerungen, die klar abgrenzbare Personengruppen, wie z. B. das Kollegium oder die Geschäftsführung, betreffen.

- Unwahre Tatsachenbehauptungen

Auch bloße Tatsachenbehauptungen, die im Social Web geäußert werden und eine andere Person verächtlich machen, können strafrechtliche Konsequenzen haben. Handelt es sich um eine unwahre Tatsachenbehauptung oder misslingt dem Arbeitnehmer zumindest der Beweis der Wahrheit, kann er sich wegen übler Nachrede im Sinne des § 186 StGB strafbar machen. Postet er solche Aussagen sogar wider besseres Wissen, kommt eine Verleumdung nach § 187 StGB in Betracht.

Wie aber kann nun der Arbeitgeber auf die genannten strafbaren Äußerungen reagieren? Neben den üblichen arbeitsrechtlichen Konsequenzen ist an dieser Stelle vor allem die Strafanzeige zu nennen, mit der der Arbeitgeber ein strafrechtliches Verfahren in Gang setzen kann.

4.2.1.2 Arbeitgeberschädigende Kritik

Immer häufiger stellt sich die Frage, wann Kritik am Arbeitgeber als rechtswidrig anzusehen ist. Dies hängt grundsätzlich von den Umständen des Einzelfalls ab und bedarf deshalb in jedem Fall einer juristischen Begutachtung. Es wurde bereits aufgezeigt, dass Äußerungen des Arbeitnehmers grundsätzlich zwar der Meinungsfreiheit unterliegen, dass diese aber vor allem durch die Loyalitätspflicht des Arbeitnehmers gegenüber seinem Arbeitgeber eingeschränkt ist. Das heißt, selbst sachliche Kritik in sozialen Medien, die im Ergebnis zu einer erheblichen Rufschädigung des Unternehmers führt, kann u. U. arbeitsrechtliche Folgen mit sich bringen.

Die Beurteilung, ob es sich um eine unzulässige Grenzüberschreitung handelt, richtet sich im Grundsatz nach der im Arbeitsrecht geltenden Prämisse, stets einen Ausgleich zwischen den Interessen des Arbeitnehmers und Arbeitgebers zu finden. Dabei spielt insbesondere der Kontext der Aussage eine Rolle. Es ist z. B. maßgeblich, wie deutlich die Äußerung erfolgt ist und vor welchem Hintergrund sie geäußert wurde. Daneben ist zu Ungunsten des Arbeitnehmers aber auch zu berücksichtigen, dass Kritik im Social Web zu einer größeren Verbreitung der Äußerung führt. Innerhalb kürzester Zeit kann die Äußerung eine sehr große Adressatengruppe erreichen und dadurch zu einer noch viel größeren und nachhaltigeren Diffamierung des Unternehmens in der Öffentlichkeit führen, als wenn sie in privatem Rahmen erfolgt wäre. Entscheidend für eine Grenzüberschreitung ist also auch, welchem Personenkreis die Äußerung zugänglich gemacht wird. Dabei ist entgegen der Auffassung einiger Richter, die grundsätzlich alle innerhalb sozialer Medien getroffenen Äußerungen pauschal als öffentlich ansehen wollen, stets auf die Umstände des Einzelfalls abzustellen und zu prüfen, ob nicht ausnahmsweise auf Grund der Umstände ein

Vertraulichkeitsschutz gewährleistet ist. Dazu sind insbesondere der gewählte Kommunikationskanal, die u. U. eingeschränkte Adressatengruppe oder anderweitige, vom Verfasser der Äußerung getroffene Privatsphäre-Einstellungen, auf der Social Media Plattform heranzuziehen.

Insgesamt lässt sich festhalten, dass im Rahmen einer Interessensabwägung die Interessen des Arbeitgebers jedenfalls dann überwiegen, wenn infolge der Äußerung(en) aus den eigenen Reihen konkrete Gefahren für die Abläufe oder den Ruf des Unternehmens drohen oder sie wettbewerbsschädigend sind, beispielsweise weil sie erhebliche negative Eindrücke bei bestehenden oder zukünftigen Geschäftspartner hinterlassen.

Beispiel: **Hassrede auf Facebook**

Dieses Foto wurde im Sommer 2015 bei Facebook veröffentlicht und zeigt ein 6-jähriges Flüchtlingsmädchen aus Syrien, das kühlt sich unter einer Wasserdusche der Feuerwehr Feldkirchen in Österreich abkühlte. Ein Azubi eines bekannten deutschen Automobilbauers postete zu diesem Bild den Kommentar „Flammenwerfer währe die bessere Lösung". Dem Mann wurde sofort gekündigt.

Quelle: Feuerwehr Feldkirchen

4.2.1.3 Privataktivitäten

Zu guter Letzt sind an dieser Stelle noch solche Aktivitäten des Mitarbeiters zu nennen, die sich nicht bewusst direkt gegen das Unternehmen richten oder sich auf den Arbeitgeber beziehen, sondern vielmehr im Rahmen des Privatauftritts des Arbeitnehmers im Social Web erfolgen. Dass Inhalte in sozialen Medien, die der Mitarbeiter rein privat dort online stellt, auch indirekt kompromittierenden Charakter für den Geschäftsbetrieb des Arbeitgebers haben können, ist vielen Arbeitnehmern überhaupt nicht bewusst.

Beispiel: Die peinlichsten Partybilder

X ist Vertriebsleiter eines bekannten Unternehmens. Zu Beginn der Woche stellt er auf der Facebook-Seite „Die peinlichsten Partybilder" ein paar Schnappschüsse seines letzten Wochenendes online, welche deutlich seinen Alkoholabsturz erkennen lassen und teils stark sexuell anzügliche Inhalte enthalten. Dieses Posting teilt er mit seinen Facebook-Freunden, zu denen unter anderem auch wichtige Großkunden seines Unternehmens zählen.

Selbstverständlich kann der Arbeitgeber dem Arbeitnehmer keine Vorschriften darüber machen, wie dieser seine Freizeit gestaltet. Das gilt auch für die privaten Aktivitäten des Arbeitnehmers im Social Web. In der Regel werden die Belange des Unternehmers durch die private Nutzung sozialer Medien durch den Arbeitnehmer auch überhaupt nicht tangiert.

Anders ist jedoch der Fall, wenn der Arbeitnehmer eine gehobene oder repräsentative Position im Unternehmen innehat und sehr viele oder wichtige Kontakte zu Kunden und Geschäftspartnern pflegt, so beispielsweise Vertriebsleiter X im oben dargestellten Beispiel. Sollten dann heikle und stark rufschädigende Inhalte in sozialen Medien auftauchen und für die Öffentlichkeit sichtbar werden, können ausnahmsweise auch private Aktivitäten im Social Web zu arbeitsrechtlichen Konsequenzen für den entsprechenden Mitarbeiter führen. Aufgrund der verfassungsrechtlich geschützten Privatsphäre des Arbeitnehmers bedarf es dazu jedoch grundsätzlich mehr als bloß eines einfachen Partyfotos. Arbeitsrechtliche Sanktionen in diesem Bereich beschränken sich also letztlich auf Extremfälle.

4.2.2 Rechtliche Maßnahmen

Das Social Web birgt also eine Vielzahl von Gefahren für den Arbeitgeber. Von grundlegender Bedeutung ist für den Arbeitgeber daher die rechtliche Vorgehensweise bei rechtswidrigen Äußerungen: darf er überhaupt (arbeitsrechtliche) Maßnahmen ergreifen und wenn ja, welche? Auch dies lässt sich aufgrund der unterschiedlichen arbeitsrechtlichen Fallgestaltungen nicht schematisch beantworten, sondern ist nach einer umfassenden Abwägung im Einzelfall zu beurteilen.

Im Folgenden werden in einem ersten Schritt die möglichen arbeitsrechtlichen Maßnahmen vorgestellt, die bei einem Fehlverhalten des Arbeitnehmers in Betracht kommen. Im Anschluss daran soll kurz dargelegt werden, welche weiteren rechtlichen Möglichkeiten dem Arbeitgeber außerhalb des Arbeitsrechts zustehen.

4.2.2.1 Arbeitsrechtliche Maßnahmen: Abmahnung, Kündigung?

Viele Arbeitgeber reagieren auf ein schwerwiegendes Fehlverhalten ihrer Mitarbeiter mit einer fristlosen Kündigung. Sie verkennen dabei einen wesentlichen Grundsatz des Arbeitsrechts, nämlich den des Interessensausgleichs zwischen den beiden Parteien, der nur im Wege einer einzelfallabhängigen Abwägung erreicht werden kann. Man sollte deshalb als Arbeitgeber nicht vorschnell auf das Mittel der fristlosen Kündigung zurückgreifen.

Im Grundsatz stehen dem Arbeitgeber folgende Sanktionsmöglichkeiten zur Verfügung:

- Abmahnung

  In einer Abmahnung weist der Arbeitgeber auf ein bestimmtes Fehlverhalten des Arbeitnehmers hin und fordert ihn auf, sich in Zukunft vertragsgemäß zu verhalten. Die Abmahnung stellt im Vergleich zur Kündigung das wesentlich mildere Mittel dar und soll dem Arbeitnehmer als Warnung dienen.

- Ordentliche (verhaltensbedingte) Kündigung

  Im Rahmen der ordentlichen Kündigung hat der Arbeitgeber grundsätzlich nur die jeweils gesetzlich statuierten oder die vertraglich vereinbarten Kündigungsfristen einzuhalten, ohne dass ein spezieller Kündigungsgrund erforderlich ist. Etwas anderes gilt dann, wenn für den Arbeitnehmer Kündigungsschutz nach dem Kündigungsschutzgesetz (KSchG) besteht. In diesem Fall ist eine Kündigung nur aus betriebs-, personen- und verhaltensbedingten Gründen denkbar. Für unzulässige und unternehmensschädigende Posts innerhalb der sozialen Medien kommt insbesondere Letzteres in Betracht.

- Außerordentliche (fristlose) Kündigung

  Um den Arbeitnehmer außerordentlich fristlos zu kündigen, benötigt der Arbeitgeber einen wichtigen Grund, der es ihm nach Abwägung der Umstände und Interessen im Einzelfall unzumutbar macht, den Arbeitnehmer noch innerhalb der gesetzlichen Kündigungsfristen weiter zu beschäftigen und ordentlich zu kündigen. Da diese Maßnahme als ultima ratio, also als letztes Mittel, Anwendung finden soll, ist regelmäßig zunächst eine Abmahnung notwendig. Diese ist nur dann entbehrlich, wenn es sich bei dem Fehlverhalten des Arbeitnehmers um besonders schwere Verfehlungen handelt. Ob und welche Maßnahmen der Arbeitgeber in der jeweiligen Situation ergreifen sollte, entscheidet sich in der Praxis oftmals erst im Rahmen einer Kündigungsschutzklage, die der Arbeitnehmer als Abwehr gegen die Kündigung des Arbeitgebers beim zuständigen Arbeitsgericht einreichen kann.

Um im Vorfeld einer gerichtlichen Auseinandersetzung den Erfolg einer der genannten Maßnahmen abschätzen, und basierend darauf, das Risiko eines solchen Prozesses einordnen zu können, bedarf es einer umfassenden Interessenabwägung. Dazu haben sich in der bisherigen Rechtsprechung einige allgemeine Abwägungskriterien herausgebildet, die bei der Bewertung unternehmensschädigender Äußerungen zu berücksichtigen sind.

Im Wesentlichen handelt es sich hierbei um die Fragen,

- ob den Arbeitgeber ein Mitverschulden an der Konfliktsituation trifft,
- welcher Umgangston üblicherweise im Betrieb herrscht,
- als wie ernst die Aussagen des Arbeitnehmers einzustufen sind, und
- ob Dritte von der Äußerung Kenntnis erlangt haben.

Auf Grund der Divergenzen im Einzelfall sollte sich der Arbeitgeber aber im Vorfeld einer der genannten Maßnahme im Zweifel, insbesondere aber zur eigenen Absicherung, von einem Spezialisten Rechtsrat einholen.

4.2.2.2 Sonstige rechtliche Maßnahmen

Äußert sich ein Arbeitnehmer in unzulässiger Form auf einem Social-Media-Portal, stehen dem Arbeitgeber neben den genannten arbeitsrechtlichen Maßnahmen noch diverse weitere rechtliche Möglichkeiten zur Verfügung sich gegen die Aussage zur Wehr zu setzen. Sofern der Verfasser als Arbeitnehmer seines Betriebes identifiziert ist, kann der Arbeitgeber gegen ihn die allgemeinen zivilrechtlichen Beseitigungs-, Unterlassungs- und Schadensersatzansprüche geltend machen. Vermutet der Arbeitgeber hingegen nur, dass die rechtsverletzende Äußerung von einem seiner Mitarbeiter stammt, ohne dies konkretisieren zu können, dann gestaltet sich die Ermittlung der Person aufgrund der Anonymität des Internets nicht immer einfach. Zum anderen ist im Rahmen eines Schadensersatzanspruches regelmäßig die Höhe des Schadens problematisch, da dieser in der Regel nur schwer beziffert werden kann. Inwiefern dem Betrieb ein wirtschaftlicher Schaden entstanden ist, stellt sich nämlich erst nach einiger Zeit heraus. Zudem besteht meist das Problem, dass nachzuweisen ist, dass der wirtschaftliche Schaden (z. B. entgangene Kundenaufträge) konkret durch die unzulässige Äußerung verursacht worden sind. Dieser Nachweis kann meistens nicht geführt werden.

4.2.3 Bewertungsplattformen

Ein besonderes Augenmerk soll im Rahmen dieses Abschnittes auf die rechtliche Problematik rund um Bewertungsplattformen geworfen werden. Es handelt sich dabei um Bewertungsportale, auf denen sich Verbraucher über die Erfahrungen, die Andere mit den Produkten oder Dienstleistungen des Betriebes gemacht haben, informieren können.

Verständlicherweise ist der Unternehmer schon aus wirtschaftlichen Gründen daran interessiert, möglichst gute Bewertungen auf den Portalen zu erhalten. Doch auf den Bewertungsportalen können auch schwere Vorwürfe erhoben und unsubstantiierte Äußerungen verbreitet werden. In kürzester Zeit kann so eine Stigmatisierung bzw. Prangerwirkung durch die veröffentlichten Beiträge entstehen. Zudem erhöht sich die Missbrauchsgefahr durch die Anonymität der Nutzer. Auch auf dem Arbeitsmarkt spielen solche Bewertungsplattformen mittlerweile eine wichtige Rolle. Auf sog. Arbeitgeberbewertungsportalen können sich Arbeitnehmer über ihren Betrieb, ihre Arbeit dort und ihren Arbeitgeber äußern. Auch hier ist problematisch, dass nicht nur andere Arbeitnehmer Zugang zu diesen Portalen haben, sondern genauso (potentielle) Geschäftspartner, Bewerber, Kunden und vor allem auch die Konkurrenz. Dass sich hieraus ein erhebliches (wirtschaftliches) Risiko für den Arbeitgeber ergibt, liegt auf der Hand.

Beispiel: **Karriere-Plattform kununu**

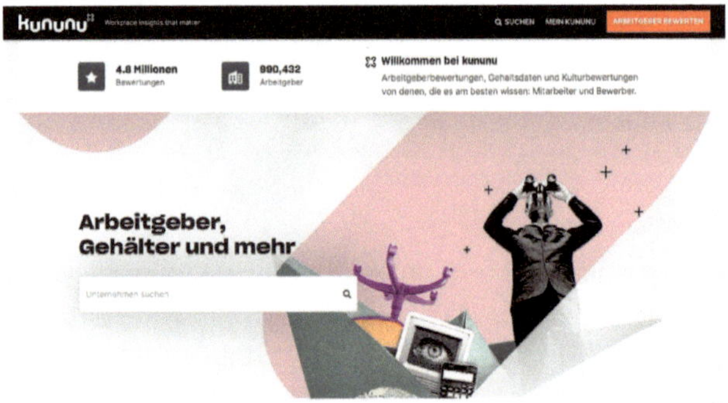

Für den Unternehmer bzw. Arbeitgeber stellen sich in der Regel also die Fragen: Was muss ich dulden? Gegen welche Äußerungen bzw. vor allem gegen wen kann ich im Falle eines Verstoßes vorgehen? Als Nutzer bzw. Arbeitnehmer fragt man sich dagegen, was man auf Bewertungsportalen äußern darf, insbesondere wenn man Arbeitnehmer des Betriebes ist.

4.2.3.1 Rechtsverletzende Äußerungen

Bei Äußerungen auf Bewertungsplattformen kollidieren regelmäßig die Grundrechte des Unternehmens auf der einen und die des Nutzers auf der anderen Seite. Es stehen sich also das Unternehmerpersönlichkeitsrecht, das Recht am eingerichteten und ausgeübten Gewerbebetrieb des bewerteten Unternehmens und die Meinungsäußerungs- und Kommunikationsfreiheit des Nutzers gegenüber. Handelt es sich bei den Äußerungen um Meinungen oder Tatsachenbehauptungen, die die Grenzen der Unwahrheit, Schmähkritik oder Formalbeleidigung nicht überschreiten und damit nicht zu einer Diffamierung des Betroffenen führen, fallen sie grundsätzlich unter den Schutz der verfassungsrechtlich gewährleisteten Meinungsfreiheit und müssen daher vom Unternehmer toleriert werden. Anders sieht es bei Äußerungen aus, die unwahr sind oder einen diffamierenden Charakter haben. Solche muss der Unternehmer in der Regel nicht dulden. Maßgeblich für die Bewertung ist also immer, ob eine Aussage als zulässiges Werturteil bzw. als wahre Tatsachenbehauptung zu qualifizieren ist.

Ist dies nicht der Fall, besteht jedoch regelmäßig das Problem, dass auch unzulässige Aussagen zunächst einmal für alle sichtbar sind. Präventivmaßnahmen, beispielsweise in Form einer Vorab-Kontrolle, sind von den meisten Bewertungsportalen nicht vorgesehen.

Wer eine diffamierende Äußerung in einem Bewertungsportal beseitigen will, muss sich zunächst überlegen, gegen wen er vorgehen will. Dabei kommt natürlich zunächst der Verfasser der Aussage selbst in Betracht. Denkbar sind hier Ansprüche auf Unterlassung, Beseitigung und ggf. Schadensersatz. In der Praxis scheitert es aber regelmäßig an der Durchsetzungsmöglichkeit dieser Ansprüche, da der Verfasser nicht ausfindig gemacht werden kann. Einem Auskunftsanspruch gegen den Inhaber der Plattform steht das Recht zur anonymen Nutzung von Telemedien entgegen (vgl. § 13 Abs. 6 TMG).

Am sinnvollsten erscheint es deshalb, sich direkt an den Betreiber des Portals zu halten und die Löschung des Inhalts im Wege eines Unterlassungsanspruches (§§ 823 Abs. 1, 1004 BGB analog) geltend zu machen. Dazu muss allerdings ein schutzwürdiges Interesse des Unternehmers erkennbar sein, welches gegenüber dem Interesse des Nutzers überwiegt.

Zurzeit entscheiden die Gerichte noch überwiegend zugunsten der Portalbetreiber. So hat der Bundesgerichtshof (Urt. V. 23.09.2014, VI ZR 358/13) beispielsweise in einem Fall zu Lasten eines Arztes entschieden, der gegen die Datenveröffentlichung auf einem Ärzte-Bewertungsportal geklagt hatte. Der BGH verneinte den Unterlassungsanspruch und begründete dies mit dem erheblichen öffentlichen Interesse an den Leistungen von Ärzten.

Allerdings kommt bei rechtswidrigen Äußerungen eines Nutzers eine Haftung des Portalbetreibers nach den Grundsätzen der sog. Störerhaftung in Betracht. Erlangt der Portalinhaber Kenntnis von einer potenziellen Rechtsverletzung, hat er Sorge dafür zu tragen, dass die Aussage auf ihren Wahrheitsgehalt bzw. auf ihre Rechtmäßigkeit hin überprüft wird. Kommt er dieser Pflicht nicht nach, haftet er als sog. Störer. Die Sorgfaltspflichten eines Portalbetreibers sind in ihrem Umfang einzelfallabhängig und dem BGH zufolge jedenfalls dann unzumutbar, wenn das Geschäftsmodell des Portalanbieters wirtschaftlich gefährdet oder seine Tätigkeit unverhältnismäßig erschwert würde. Eine präventive Vorabprüfung aller Bewertungen gilt dabei von Vornherein als unzumutbar.

Handelt es sich um eine rechtswidrige Äußerung, hat der Portalbetreiber die entsprechende Konsequenz zu ziehen; er muss die Aussage löschen. Häufig erfolgen Bewertungen mit Bewertungspunkten, sog. „Sternchen“ oder einer anderen Form der Bewertungsskala. Neben dieser Bewertung können Nutzer dann auch einen Kommentar in Textform hinterlassen. Enthält der Textkommentar eine rechtswidrige Äußerung stellt sich die Frage, ob auch die im Zusammenhang mit der Äußerung stehende „Sternchenbewertung“ entfernt werden muss. Die Betreiber des Portals stellten sich auf den Standpunkt, die Sternchenbewertung sei unabhängig von der Äußerung zu sehen und selbst nicht rechts- widrig, sondern als Werturteil von der Meinungsfreiheit geschützt. Dem hat jedoch das OLG München (Urt. v. 17.10.2014, 18 W 1933/14) entgegengehalten, dass es sich um eine untrennbare Verknüpfung von Tatsachenbehauptung und Bewertung durch Sternchen handele. Wenn die Tatsachenbehauptung unzulässig ist, etwa weil sie unwahr ist, müsse auch die Sternchenbewertung gelöscht werden. Die Bewertung beruhe dann nämlich auf einer rechtswidrigen Tatsachenbehauptung und ist somit selbst rechtswidrig. Insofern überwiegen also die Interessen des Unternehmers.

4.2.3.2 Bewertungsplattformen und das Arbeitsverhältnis

Es wurde bereits erörtert, wie Äußerungen auf Bewertungsplattformen für Unternehmen allgemein zu beurteilen sind. Wenn die Äußerung von einem Arbeitnehmer verbreitet wird, stellt sich die Beurteilung noch ein wenig anders dar. Zwar fallen auch die Äußerungen eines Arbeitnehmers unter die Meinungsfreiheit, allerdings treffen ihn im Rahmen seines Arbeitsverhältnisses gegenüber dem Arbeitgeber besondere Treue- und Loyalitätspflichten. Insbesondere darf der Betriebsfrieden nicht durch herabsetzende Äußerungen gestört werden. Ein Verstoß dagegen rechtfertige eine Einschränkung der Meinungsfreiheit des Arbeitnehmers, so das Landesarbeitsgericht Schleswig-Holstein. Auch eine Weitergabe von vertraulichen Informationen und Betriebsgeheimnissen ist dem Arbeitnehmer untersagt (▸*Kapitel 4.2.5*).

Äußert sich ein Arbeitnehmer nun in unzulässiger Form auf einem Bewertungsportal, stehen dem Arbeitgeber neben den allgemeinen zivilrechtlichen Beseitigungs-, Unterlassungs- und Schadensersatzansprüche, deren Durchsetzung aber – wie bereits erwähnt – oftmals schwierig sein kann, auch arbeitsrechtliche Maßnahmen zu. Davon ist unter bestimmten Umständen auch die fristlose Kündigung umfasst. Dem Arbeitnehmer sollte also klar sein, dass ihn bei der Verbreitung von Äußerungen in Arbeitgeberbewertungsportalen im Vergleich zu anderen Nutzern gesteigerte Pflichten gegenüber seinem Arbeitgeber treffen.

4.2.4 Öffentlichkeit der Äußerung im Social Web

Die Öffentlichkeit der Äußerung ist sowohl für die Beurteilung, ob eine Aussage im Social Web als rechtswidrig anzusehen ist, als auch für die Wahl der arbeitsrechtlichen Sanktion durch den Arbeitgeber ein zentrales Kriterium. Daher stellt sich die Frage, was im Social Web als „öffentlich“ anzusehen ist.

Regel: Öffentliche Kommunikation

Gespräche im engen Familien- und Freundeskreis, sowie solche zwischen Kollegen, zumindest solche, von denen man davon ausgehen kann, dass sie vertraulich behandelt werden, unterliegen im Rahmen des Persönlichkeitsrechtes einem besonderen Schutz. Anders ist dies bei Postings in sozialen Medien, die regelmäßig einer breiten Masse zugänglich sind. Dort kann man in der Regel davon ausgehen, dass diese als öffentlich anzusehen sind. So hat es bisher auch die Rechtsprechung mehrheitlich angenommen mit dem Hinweis, dass stets aber die gewählte Art des Kommunikationskanals mit zu berücksichtigen sei.

Beispiel: Arbeitgeber ein „Menschenschinder"

Azubi A schrieb in der Rubrik „Arbeitgeber" auf seinem Facebook-Profil: „Menschenschinder & Ausbeuter Dämliche Scheiße für Mindestlohn minus 20 % erledigen. Leibeigener?" Die Angaben waren nach den Privatsphäre- Einstellungen des Profilinhabers auf „öffentlich" gestellt, d.h. jeder – selbst Nicht-Facebook-User – konnten auf diese Information zugreifen. Der Arbeitgeber kündigte A fristlos.

Das heißt, wenn im Rahmen der Privatsphäre-Einstellungen die Information für die Öffentlichkeit freigegeben wurde, ist die Äußerung unzweifelhaft als öffentlich anzusehen.

Doch selbst wenn man den Beitrag für einen bestimmten Adressatenkreis – beispielsweise meine Freundesliste – beschränkt, bedeutet dies nicht unbedingt, dass es sich um eine „nicht-öffentliche" Aussage handelt. Dies begründen die Gerichte mit der Annahme, dass Freundschaft im Social Web eine andere Bedeutung als im realen Leben hat. Informationen, die in der Offline-Welt nur wenigen Personen preisgegeben werden, können im Social Web mit nur einem Klick mit „Freunden" geteilt werden. Die Information erreicht also schneller mehr Personen, als wenn sie persönlich weitergegeben werden würde.

Kommunikation in sozialen Medien kann jedoch auch vertraulichen Charakter haben. Dabei sind die Umstände des Einzelfalls zu berücksichtigen. Wie so oft, verbietet sich auch hier eine schematische Betrachtungsweise. Dem Arbeitgeber können dafür prinzipiell folgende Kriterien an die Hand gegeben werden:

- Welchen Kommunikationskanal bzw. welche Mitteilungsart hat der sich äußernde Arbeitnehmer gewählt?
- Aus welchen Personengruppen (Freunde, Kollegen, etc.) setzen sich seine Kontakte zusammen?
- Welche konkreten Privatsphäre-Einstellungen hat der Arbeitnehmer für seinen Account bzw. die jeweilige Äußerung gewählt?

Die nachfolgende Tabelle bietet einen Überblick über die Kriterien, die bei der Beurteilung der Vertraulichkeit einer Äußerung im Social Web eine Rolle spielen können:

Kommunikationskanal	Kriterien
Profilangaben	Im Rahmen der Privatsphäre-Einstellungen muss die Publikumsauswahl mindestens auf „enge Freunde" beschränkt sein. Selbst dann kommt eine Vertraulichkeit nur dann in Betracht, wenn dieser Kreis wiederum auf eine bestimmte Personenanzahl begrenzt ist. Feste zahlenmäßige Begrenzungen gibt es dabei jedoch nicht.
Chronikeinträge/Posts	Auch hier sind die Privatsphäre-Einstellungen maßgeblich (s.o.). Vertraulichkeit ist jedenfalls dann nicht mehr gewahrt, sobald man in eine fremde Chronik postet, da man dann die Einflussnahme auf die Personengruppe verliert, der dieser Post zugänglich ist.
Facebook-Gruppen	Zu unterscheiden ist hier zwischen offenen und geschlossenen Gruppen. Auch in letzterem Fall ist eine Vertraulichkeit nur dann gewährleistet, wenn die Gruppe einen bestimmten begrenzten Personenkreis umfasst.
Chatnachrichten	Solange es sich um persönliche Nachrichten an einen bestimmten Empfänger handelt, sind diese vertraulich. Der Absender erwartet dies und der Empfänger darf der Rechtsprechung zufolge diese Nachrichten auch nicht einfach veröffentlichen.

- Besondere Ausdrucksformen im Social Web

  Diffamierende Äußerungen können nicht nur durch Postings und Kommentare verbreitet werden. Die sozialen Netzwerke bieten auch andere Funktionen, sich zu äußern und auszudrücken. Hier soll auf die beiden am weitesten verbreiteten kurz eingegangen werden.

Da wäre beispielsweise der „Gefällt-mir"-Button, durch den eine Diffamierung des Arbeitgebers herbeigeführt werden kann. Allerdings muss man hier berücksichtigen, dass meist spontan ohne langes Zögern oder weiteres Nachdenken auf den Button geklickt wird. Manchmal wird ein „Like" gerade bei der Nutzung von Apps auf sozialen Netzwerken durch das Scrollen aus Versehen vergeben. „Likes" darf deshalb grundsätzlich eine nicht allzu hohe Bedeutung beigemessen werden. Sie wiegen in der Regel weniger schwer als eine ausdrückliche Äußerung und können allenfalls zu einer Abmahnung, nicht aber direkt zu einer Kündigung führen.

Auch multimediale Inhalte – wie Videos, Bilder o. ä. – sind möglicherweise geeignet, den Arbeitgeber zu diffamieren. Die Interaktion muss allerdings auch hier in ihren Gesamtkontext betrachtet werden, um die rechtmäßige arbeitsrechtliche Maßnahme zu treffen. Insgesamt lässt sich also auch hinsichtlich der besonderen Ausdrucksformen im Social Web festhalten, dass eine Gesamtschau der zugrunde liegenden Umstände vorzunehmen ist. Im Vorhinein ist es jedoch trotzdem oft schwierig vorherzusehen, wie das zuständige Arbeitsgericht entscheiden würde. Deshalb sollte – sofern möglich – auf Posts dieser Art verzichtet werden, um arbeitsrechtliche Sanktionen jedenfalls zu vermeiden.

4.2.5 Verrat von Geschäftsgeheimnissen und Whistleblowing

Durch die ständige Präsenz der sozialen Medien im Arbeitsalltag lauert im Web 2.0. die Gefahr, dass Mitarbeiter über interne Geschäftsabläufe und Betriebsgeheimnisse frei heraus plaudern – völlig unabhängig davon, ob das beabsichtigt ist oder nicht. Auch dadurch kann ein Imageschaden für den Arbeitgeber hervorgerufen werden. Aus diesem Grund soll an dieser Stelle auf die Thematik eingegangen werden und insbesondere aus Arbeitgebersicht aufgezeigt werden, was in solchen Fällen zu beachten ist.

4.2.5.1 Verrat von Geschäftsgeheimnissen

Zunächst einmal ist es wichtig, eine generelle Unterscheidung zu treffen zwischen allgemeinen Informationen und solchen, die als Betriebs- und Geschäftsgeheimnisse anzusehen sind. Nur letztere unterfallen einem umfassenden rechtlichen Schutz.

Grundsätzlich sind unter dem Begriff des Betriebs- und Geschäftsgeheimnisses alle Informationen zu verstehen, die sich auf den internen Geschäftsbetrieb des Unternehmens beziehen und nur einem bestimmten Adressatenkreis zugänglich, d. h. eben gerade nicht offenkundig sind. Üblicherweise fallen darunter wichtiges technisches Know-How (Betriebsgeheimnis), wirtschaftliche Informationen (Geschäftsgeheimnis) wie Bilanzierung, Kunden- und Preislisten oder personelle Angaben. Eine Weitergabe solcher Informationen ist unzulässig. Auch eine Information, die auf den ersten Blick nicht rein vertraulich erscheint – so beispielsweise eine interne Durchwahlnummer im Unternehmen, die bewusst nur unternehmensintern bekannt gegeben wurde – kann, wenn sie z. B. in einem sozialen Netzwerk veröffentlicht wird, bereits als Verrat eines Geschäftsgeheimnisses angesehen werden. Grundsätzlich sollte man deshalb insgesamt sehr sensibel mit solchen Informationen umgehen, die betriebsinterne Abläufe des Unternehmens, aber auch den Betrieb im Allgemeinen betreffen.

Handelt es sich dagegen um eine Information, die bereits für eine Vielzahl von Personen zugänglich und damit öffentlich war, kann es auch dem Arbeitnehmer nicht verwehrt sein, darüber Auskunft zu erteilen. Das betrifft zumindest solche Angaben, die das Unternehmen selbst – beispielsweise auf der firmeneigenen Homepage – oder über andere Informationskanäle bekannt gibt.

Zu beachten ist jedoch auch an dieser Stelle die Rücksichtnahme- und Loyalitätspflicht gegenüber dem Arbeitgeber. Danach müssen Mitarbeiter auch zu allen anderen dienstlich bekannt gewordenen Tatsachen schweigen, die den Arbeitgeber oder andere Kollegen tangieren. Ob letztlich ein Geschäftsgeheimnis bzw. eine vertrauliche Information vorliegt, ist oftmals schwierig zu beurteilen und bedarf einer Betrachtung des Einzelfalles.

Eine Pflicht zur Verschwiegenheit im Hinblick auf Geschäfts- und Betriebsgeheimnisse ergibt sich schon aus dem Gesetz (vgl. § 17 UWG). Bei einem Verstoß drohen strafrechtliche Konsequenzen in Form einer Geldstrafe oder eine Haftstrafe von bis zu drei Jahren.

In der Regel findet sich neben der gesetzlichen Regelung auch noch eine Verschwiegenheitsklausel im Arbeitsvertrag (sog. Non-Disclosure-Clause). Damit regelt der Arbeitgeber üblicherweise, dass neben den Betriebs- und Geschäftsgeheimnissen auch noch weitere, das Unternehmen betreffende Informationen, von der Verschwiegenheitspflicht umfasst sein sollen. Verstößt der Arbeitnehmer gegen diese vertraglich geregelte Pflicht, kann der Arbeitnehmer auf die ganze Bandbreite der arbeitsrechtlichen Maßnahmen zurückgreifen.

Beispiel: Non-Disclosure-Clause

„Der Arbeitnehmer ist verpflichtet, über alle geschäftlichen und betrieblichen Vorgänge, von denen er durch seine Tätigkeit oder in anderer Weise Kenntnis erlangt hat, Stillschweigen zu wahren."

Auch kommt eine Regulierung im Rahmen der immer häufiger getroffenen betriebsinternen Richtlinien, sog. Social Media Guidelines, in Frage. Diese dienen dazu, die Nutzung sozialer Medien betriebsintern zu regeln. Ob diese Regeln verbindlich sind und welche Konsequenzen drohen, wenn man sie nicht beachtet, wird an anderer Stelle dargestellt (▸*Kapitel 4.2.6*).

4.2.5.2 Whistleblowing

Whistleblowing wird immer dann zum Problem, wenn ein Mitarbeiter Missstände oder illegale Praktiken in seinem Unternehmen aufdecken möchte. Es geht also nicht um die Verbreitung von Geschäfts- oder Betriebsgeheimnissen, sondern um die Kundgabe von misslichen Umständen im betrieblichen Ablauf. Twittert ein Angestellter z. B. über die katastrophalen Zustände in einem Altenpflegeheim oder postet eine Mitarbeiterin Infor- mationen über Schmiergeldzahlungen in ihrem Unternehmen auf ihrem Blog, verletzen damit zwar beide ihre Verschwiegenheitsverpflichtungen, allerdings ist gleichzeitig klar, dass sie damit auch Informationen preisgeben, an denen ein öffentliches Interesse besteht.

- Kündigungsgrund – ja oder nein?

  Arbeitgeber reagieren auf dieses illoyale Verhalten häufig mit der fristlosen Kündigung. Zu Recht? Aus den arbeitsvertraglich geregelten Treue- und Rücksichtnahmepflichten des Arbeitnehmers ergibt sich jedenfalls, dass er wirtschaftliche Schäden sowie einen Imageverlust des Arbeitgebers zu vermeiden hat. Entsprechend hat er vermeintliche Missstände zunächst betriebsintern seinen Vorgesetzten oder dem Unternehmer selbst anzuzeigen, um zunächst eine Verdachtsaufklärung unter Ausschluss der Öffentlichkeit zu ermöglichen. Unterlässt der Mitarbeiter diesen Zwischenschritt, rechtfertigt dies im Grundsatz eine verhaltensbedingte, wenn nicht sogar fristlose Kündigung. So sehen es auch die deutschen Arbeitsgerichte.

- Ausnahmsweise zulässiges Whistleblowing

  Wie aber berücksichtigt man die Tatsache, dass meist ein erhebliches öffentliches Interesse an der Veröffentlichung solcher misslichen Umstände besteht. Können sie im Zweifel dazu führen, dass eine arbeitsrechtliche Maßnahme gegen den Arbeitnehmer unzulässig wird? Zumindest in manchen Fällen haben die Arbeitsgerichte aufgrund eines erheblichen öffentlichen Interesses ausnahmsweise ein erlaubtes Whistleblowing angenommen. Dazu gehört beispielsweise die Konstellation in der es sich um die Abwehr schwerer Gefahren oder um Gesetzesverstöße handelt, die hohe Rechtsgüter der Allgemeinheit betreffen – so z. B. die Gesundheit der Bevölkerung. Im Rahmen des Dioxin- und Gammelfleischskandales – beispielsweise blieb eine Anzeige des Arbeitnehmers für diesen ohne arbeitsrechtliche Konsequenzen.

Auch wenn das Verhalten des Vorgesetzten oder Kollegen eine schwerwiegende Straftat darstellt, muss eine Veröffentlichung dieser Information durch den Mitarbeiter ebenfalls ohne Folgen bleiben.

Für den Arbeitnehmer besteht jedenfalls dann eine Pflicht zur Anzeige, wenn er sich im Falle eines Unterlassens der Anzeige des mit dem Whistleblowing verbundenen Sachverhalts strafbar machen würde oder sich für ihn eine Pflicht aus dem Gesetz ergibt.

Auch in Fällen, in denen berechtigterweise eine Aufklärung durch das Unternehmen selbst nicht zu erwarten ist, kann das Whistleblowing als zulässig gewertet werden. Stellt beispielsweise ein Arbeitnehmer, der als Datenschutzbeauftragter für eine Firma tätig ist, Verstöße gegen Datenschutzbestimmungen hinsichtlich der unternehmenseigenen Facebook-Fanpage fest, die das Unternehmen bewusst nicht behebt, kann er die zuständige Aufsichtsbehörde einschalten.

Ob es sich jedoch im konkreten Einzelfall um eine zulässige Ausnahme handelt, ist oftmals schwierig zu sagen. Nicht alle Fälle lassen sich mit Hilfe dieser Kategorien lösen. Stets ist jedoch – wie üblich im Arbeitsrecht – eine einzelfallbezogene Interessenabwägung zwischen Arbeitgeber und Arbeitnehmer zu treffen. In diese Abwägung sind dann regelmäßig gerade die Öffentlichkeitsinteressen einzubeziehen. Dem Arbeitgeber sei an dieser Stelle geraten, nicht prompt fristlos zu kündigen, sondern sich stattdessen zunächst Rechtsrat einzuholen.

Folgende Umstände können für und gegen eine Kündigung des Whistleblowers sprechen:

Kündigung (+)	**Kündigung (-)**
Arbeitnehmer weist nicht zunächst unternehmensintern auf Missstände/Straftaten hin.	Arbeitnehmer macht zunächst innerbetrieblich auf Missstände/Straftaten aufmerksam.
	Nur durch den Hinweis des Arbeitnehmers können Gefahren oder Gesetzesverstöße abgewendet werden.
	Das Gesetz schreibt eine Anzeigepflicht oder einrecht vor.
	Intern ist eine Aufklärung nicht zu erwarten.
Das Whistleblowing erfolgt nur infolge unbilliger Motive seitens des Arbeitnehmers, z. B. aus Rache oder anderen persönlichen Gründen.	Der Arbeitnehmer handelt aus billigen Motiven, z. B. Pflichtbewusstsein und Verantwortungsgefühl.
Das für die Anzeige erforderliche Maß wird durch die Veröffentlichung im Social Web eindeutig überschritten.	Ein gesteigertes öffentliches Interesse rechtfertigt das Whistleblowing.

- Haftung des Arbeitgebers für Aussagen des Arbeitnehmers

Arbeitnehmer führen im Social Web oftmals eine Art Doppelleben: einerseits als Privatperson, andererseits als Mitarbeiter ihres Betriebes. Für den Arbeitgeber ist es in diesem Zusammenhang natürlich interessant zu wissen, wann er für welche Aussage des Arbeitnehmers einzustehen hat, und welche arbeitsrechtlichen Konsequenzen dies mit sich bringt. Denn in der Praxis ist es schwierig auseinander zu halten, wann eine Aussage für oder im Namen des Unternehmens, wann als Privatperson erfolgt.

Der Arbeitgeber haftet auf jeden Fall für solche Äußerungen, die der Arbeitnehmer im betrieblichen Rahmen, d. h. während seiner Arbeitszeit bei Ausführung einer ihm zugewiesenen Tätigkeit begangen hat. Neben den Fragen, ob es sich bei der aufgewandten Zeit jeweils um Arbeits- oder Freizeit gehandelt hat und ob die Tätigkeit vom Firmen- oder Privatcomputer erfolgt, ist im Wesentlichen maßgeblich, ob für den jeweiligen Arbeitnehmer ein Auftrag hinsichtlich einer Social-Media-Tätigkeit vorlag oder nicht.

Tipp für den Unternehmer

Allein aus diesem Grund sollte sich der Unternehmer schon im Rahmen seines Weisungsrechtes genau überlegen, welche Arbeitnehmer er mit derartigen Tätigkeiten beauftragt. Es sollten nur einige Mitarbeiter (nicht alle) für die Social-Media-Aktivitäten eines Unternehmens zuständig sein. Es gilt: Je klarer die Anweisung, desto geringer der Handlungsspielraum für den Arbeitnehmer und das Haftungsrisiko für den Unternehmer.

Bewegt sich ein Arbeitnehmer außerhalb seines Arbeitsauftrages in den sozialen Medien, ist dies dem Unternehmen in der Regel nicht zuzurechnen. Der Arbeitgeber kann nur dann haftbar gemacht werden, wenn er in irgendeiner Form einen Beitrag zu einer Rechtsverletzung geleistet hat. Dies wäre z. B. dann der Fall, wenn er den Mitarbeiter schlecht auswählt, nicht überwacht, oder er ihm bekannte Rechtsverletzungen einfach duldet.

Was passiert jedoch, wenn nicht eindeutig klar ist, ob der Arbeitnehmer im Rahmen seines Arbeitsauftrages gehandelt hat oder nicht? Grundsätzlich haftet der Arbeitgeber erst dann, wenn objektiv der Eindruck entsteht, der Mitarbeiter äußere sich im Namen des Unternehmens. Es kommt also maßgeblich darauf an, ob der Mitarbeiter den Anschein erweckt hat, für das Unternehmen zu sprechen.

Tipp für den Unternehmer

Um das Haftungsrisiko zu minimieren, können Arbeitnehmer im Rahmen sog. Social Media Guidelines (▸*Kapitel 4.2.6*) verpflichtet werden, auf den privaten Charakter ihrer Äußerungen in sozialen Netzwerken hinzuweisen. Zwar greift das Weisungsrecht des Arbeitgebers in der Regel nicht auf den privaten Bereich des Arbeitnehmers über. Hier aber sind dessen berechtigte Interessen betroffen, sodass er ausnahmsweise auch in diesem Bereich Anweisungen erteilen darf.

4.2.6 Social Media Guidelines

Die Nutzung sozialer Medien ist aus Arbeitgebersicht kaum mehr aus dem Unternehmensalltag wegzudenken. Viele Unternehmer haben erkannt, dass sich die sozialen Medien zu ihren Gunsten verwenden lassen. Neben dieser Chancenvermehrung, bringt die Nutzung durch den Arbeitnehmer jedoch gleichzeitig die bereits aufgezeigten Risiken mit sich. Unter diesem Gesichtspunkt gewinnt die Idee der Aufstellung sog. Social Media

Guidelines als Regulationsmechanismus für die Nutzung sozialer Medien im unternehmerischen Kontext an Bedeutung. In diesem Kapitel wird dargelegt, inwiefern es sinnvoll sein kann, solche Richtlinien in Ihrem Unternehmen einzuführen und mit welchem Inhalt sowie in welcher Form diese sinnvollerweise auszugestalten sind.

4.2.6.1 Zweck von Social Media Guidelines

Was versteht man nun unter Social Media Guidelines und welchem Zweck dienen sie? Seit jeher dienen Unternehmensrichtlinien als Instrument, um ein Regelwerk für alle Arbeitnehmer oder zumindest solche eines bestimmten Unternehmensbereiches aufzustellen und so den Arbeitsalltag innerhalb des Betriebes zu vereinfachen. So erscheint es auch im Bereich der sozialen Medien sinnvoll, klare Leitlinien zu schaffen, an denen sich beide Seiten orientieren können. Social Media Guidelines zielen damit also im Wesentlichen darauf ab, die Nutzung sozialer Medien auf vernünftige und klare Art und Weise in das Arbeitsverhältnis zu integrieren.

Sie bieten für beide Seiten erhebliche Vorteile. Social Media Guidelines ermöglichen dem Arbeitgeber zum einen, bei dem Mitarbeiter ein Problembewusstsein für den Bereich der sozialen Medien im unternehmerischen Alltag zu schaffen und dessen Verantwortungsbewusstsein im Umgang mit Medien zu stärken. Zwar nutzen nahezu alle Mitarbeiter inzwischen soziale Netzwerke, doch ist die Herangehensweise aus unternehmerischer Sicht aufgrund von Reputationsrisiken ein anderer, als man dies aus dem privaten Bereich kennt. Den Guidelines kommt insofern eine Art Präventivfunktion zu. Für den Arbeitnehmer bringen sie vor allem Klarheit darüber, wie und unter welchen Bedingungen er während der Arbeitszeit soziale Medien nutzen darf.

4.2.6.2 Inhalt

Neben der Frage des Zwecks von Social Media Guidelines ist für den Arbeitgeber von Interesse, wie er die Regelungen konkret auszugestalten hat. Es lässt sich an dieser Stelle zunächst anführen, dass Social Media Guidelines grundsätzlich die arbeitsvertraglichen Pflichten der Arbeitnehmer näher ausgestalten, sei es in Form verbindlicher Regeln oder als Hinweise mit Empfehlungscharakter. Welche Punkte die Richtlinien dabei im Speziellen regeln sollten, hängt allerdings letztlich von der spezifischen unternehmerischen Tätigkeit des Betriebes ab.

Beispiel: Social Media Guidelines des Bayrischen Jugendrotkreuz

Neben generellen Regelungen betreffend die allgemeine, dienstliche und private Nutzung sozialer Medien durch den Arbeitnehmer, sollte also im Einzelfall genau geprüft werden, welche Normierungen noch erforderlich sein könnten. Bei der Ausgestaltung sind insbesondere die Unternehmensziele und -philosophie, die Bedürfnisse der Belegschaft, der Öffentlichkeitsschutz von Mitarbeitern, ggf. bereichsspezifische Regelungen sowie ein etwaiges Schadens- und Haftungsrisiko für das Unternehmen als wesentliche Faktoren zu berücksichtigen. Diese sind selbstverständlich von Unternehmen zu Unternehmen verschieden. So können die erforderlichen Richtlinien für ein IT-Start-Up-Unternehmen letztlich ganz andere sein, als für eine Herstellerfirma. Um dieser Vielfältigkeit und der damit verbundenen Gefahr einer Überfrachtung sowie andererseits der Gefahr einer rechtlichen Lücke zu begegnen, empfiehlt es sich, bei der Erstellung der Leitlinien den Rat eines Experten auf diesem Gebiet einzuholen. Dieser wird dann Richtlinien entwickeln, die genau auf Ihr Unternehmen und dessen spezifische Tätigkeit angepasst sind.

Entschließen Sie sich nun dazu, für Ihren Betrieb Social Media Guidelines zu entwerfen, dann können Sie dabei insbesondere die folgenden Aspekte thematisieren:

Allgemeine Regelungen

- Zulässigkeit und Umfang der Nutzung sozialer Medien am Arbeitsplatz
- Hinweise auf Risiken und rechtliche Bestimmungen, die grundsätzlich zu beachten sind (z. B. Urheber- und Datenschutzrecht)
- Rahmen der Eigenverantwortlichkeit der Mitarbeiter
- Regelungen zur IT-Sicherheit (Viren, Trojaner o. ä.)
- Ggf. Aufzeigen möglicher arbeitsrechtlicher Konsequenzen bei Verstößen
- Benennung des verantwortlichen Ansprechpartners im Social Media-Bereich des Unternehmens

Dienstliche Nutzung

- Festlegung, welcher Mitarbeiter auf welchem Wege über die sozialen Medien nach außen kommunizieren darf/soll
- Regelungen über die Anlegung von Social-Media-Profilen im oder unter dem Namen der Firma
- Bestimmungen zur internen Abstimmung über die Veröffentlichung von Inhalten
- Offenlegungspflicht der Autorenschaft in veröffentlichten Beiträgen
- Hinweise auf den Umgang mit Kunden, Kollegen und Konkurrenten sowie mit empfangener negativer Kritik
- Pflicht zur Herausgabe sämtlicher Account- und/oder Kundendaten bei Ausscheiden aus dem Betrieb

Private Nutzung

- Zulässigkeit und Umfang der privaten Nutzung
- Ggf. Verbot, dienstliche Emailadressen für private Social Web-Zwecke zu verwenden
- Vorgabe zur Distanzierung vom Unternehmen im Falle einer privaten Äußerung („Ich"-Formulierung statt „Wir")
- Hinweise zu unerwünschter Kritik sowie bestimmten Geheimhaltungs- und Loyalitätspflichten

4.2.6.3 Form – Beteiligung des Betriebsrates erforderlich?

Hat sich der Arbeitgeber nun Gedanken über den Inhalt der Regelungen gemacht, bleibt die entscheidende Frage, in welcher Form er das Reglement ausformuliert. Dazu sollen hier die wesentlichen Anmerkungen getroffen werden. Wie bereits angemerkt, können Social Media Guidelines sowohl als verbindliche Regelungen in das Arbeitsverhältnis aufgenommen werden, als auch als bloße Hinweise mit Empfehlungscharakter ausgestaltet sein. Im Vorfeld muss sich der Arbeitgeber also überlegen, ob seine Richtlinien für die Arbeitnehmer arbeitsrechtlich verpflichtend sein sollen oder unverbindliche Empfehlungen darstellen sollen. Nur in erstem Fall können Verstöße seitens des Arbeitnehmers mit arbeitsrechtlichen Sanktionen geahndet werden. Die Einführung eines verbindlichen Reglements ist jedoch an strenge Voraussetzungen geknüpft. So ist sie unter anderem in der Regel nur unter Beteiligung des Betriebsrates – sofern im Unternehmen vorhanden – möglich. Dies ergibt sich aus § 87 Abs. 1 Nr. 1 Betriebsverfassungsgesetz (BetrVG). Danach muss der Betriebsrat jedenfalls bei solchen Regelungen, die die Betriebsordnung oder technische Einrichtungen betreffen, mit denen das Verhalten oder die Leistung der Arbeitnehmer überwacht werden kann, beteiligt sein. In concreto meint das Regelungen und/oder Verpflichtungen im Rahmen der Social Media Guidelines, die

- die private Nutzung Sozialer Medien am Arbeitsplatz,
- den Umgang mit Kollegen in sozialen Netzwerken,
- eine Meldepflicht von Verstößen in sozialen Netzwerken,
- die Wahrung betrieblicher Geheimnisse oder der Privatsphäre von Kollegen, oder Leistungskontrollen und Stichproben über die private Nutzung von Sozialen Medien betreffen.

Bleibt abschließend noch die Frage zu klären, auf welche Weise der Betriebsrat zu beteiligen ist. Dies geschieht regelmäßig durch eine besondere Vereinbarung zwischen Unternehmen und dem entsprechenden Betriebsrat, einer sog. Betriebsvereinbarung.

4.2.6.4 Social-Media-Accounts nach Beendigung des Arbeitsverhältnisses

Wird das Arbeitsverhältnis zwischen dem Arbeitnehmer und dem entsprechenden Betrieb beendet, stellt sich oftmals die Frage, wem die Geschäftskontakte auf einem Social-Media-Account eigentlich gehören? Diese Frage drängt sich insbesondere dann auf, wenn der Mitarbeiter die Kundenverbindungen über berufsorientierte Netzwerke wie Xing oder LinkedIn nicht nur verwaltet und pflegt, sondern vor allem auch neue Geschäftskontakte auf diesem Wege akquiriert. Ähnlich stellt sich die Lage bei „firmeneigenen“ Facebook-, Twitter- oder YouTube-Accounts dar. Der Arbeitgeber riskiert den möglichen Verlust der für ihn in der Regel wertvollen Daten an den Arbeitnehmer und umgekehrt. Wem steht also das Recht an den Kundeninformationen zu? Hierbei geht es im Wesentlichen darum, ob der gesamte Benutzer-Account übertragen werden muss oder nur die für den Betrieb wesentlichen Kundendaten mitzuteilen sind.

Unterschiede: Berufliche und private Accounts

Zu unterscheiden ist hier grundsätzlich zwischen beruflichen und privaten Accounts. Unter welche Kategorie das jeweilige, in Frage stehende Benutzerkonto fällt, beurteilt sich auch hier wieder anhand der Gesamtumstände des Einzelfalls. Maßgeblich ist, wer am Ende als Inhaber gilt. Die folgenden Merkmale sollen als Zuordnungshilfe dienen:

Beruflich	Privat
Anmeldung mit Namen des Unternehmens/ Login mit geschäftlicher Emailadresse	Anmeldung unter privatem Namen/ Login mit privater Emailadresse
Finanzierung durch den Arbeitgeber	Finanzierung auf private Kosten
Nutzung während der Arbeitszeit – ggf. unter Weisung des Arbeitgebers	Nutzung in der Freizeit

Der gesamte Account steht dem Arbeitgeber jedenfalls nur dann zu, wenn dieser ein Arbeitsmittel darstellt, welches dem Mitarbeiter lediglich für den Zeitraum seiner Beschäftigung überlassen wurde. Das Benutzerprofil wird hier zu dienstlichen Zwecken genutzt, als Inhaber gilt daher der Arbeitgeber. Dem gegenüber hat das AG Brandenburg (Urteil vom 31. Januar 2018 – 31 C 212/17) die Rechte an einer Facebook-Seite trotz Anlage des Accounts während des Arbeitsverhältnisses, enger Verknüpfung mit der Geschäftstätigkeit des Unternehmens und Verlinkung auf die Website des Unternehmens im Facebook-Impressum dem ausgeschiedenen Mitarbeiter zugesprochen. Das Gericht begründete diese Entscheidung damit, dass der Mitarbeiter den Account auf seine private E-Mail-Adresse und seinen Namen bei Facebook angelegt und auch mit privaten Inhalten befüllt hatte. Da eine klare Zuordnung in der Praxis nicht immer ganz einfach ist, sollten klare Regelungen getroffenen werden, so etwa im Rahmen von Social Media Guidelines. Denn danach wem der Account gehört regelt sich auch die Frage, was nun nach Beendigung des Arbeitsverhältnisses hinsichtlich einer Herausgabepflicht gilt. Denn ist der Arbeitgeber Inhaber des Accounts, kann dieser nach Beendigung des Arbeitsverhältnisses die dem Konto zugehörigen Zugangsdaten vom Beschäftigten herausverlangen. Im Gegenzug dazu hat er allerdings dem Arbeitnehmer gegebenenfalls die Möglichkeit einzuräumen, alle privaten Daten vor Übernahme des Kontos zu löschen.

Hingegen gilt dies bei überwiegend privat genutzten Accounts nicht. Hier ist eindeutig der Beschäftigte selbst als Inhaber anzusehen. Eine Herausgabepflicht in Bezug auf die Zugangsdaten besteht somit nicht. Allerdings müssen solche Informationen, die für eine reibungslose Fortführung der vom Arbeitnehmer zuvor ausgeübten Tätigkeit erforderlich sind, herausgegeben werden. Dies ergibt sich aus den allgemeinen arbeitsrechtlichen Grundsätzen der Loyalitäts- und Rücksichtnahmepflicht des Arbeitnehmers gegenüber seinem Arbeitgeber. So muss er z. B. die in seinem XING-Profil verwalteten Daten von Firmenkunden bereitstellen, und vor allem im Anschluss von seinem eigenen Account löschen.

Durchsetzung des Herausgabeanspruchs

In der Praxis werden Social Media Accounts nach Beendigung des Arbeitsverhältnisses allerdings oft nicht einfach herausgegeben. Das Arbeitsverhältnis endet nämlich häufig nicht im Einvernehmen, sondern im Streit. Social Media Account sind für die Unternehmen besonders wichtig und werden daher nicht selten von Seiten der Arbeitnehmer dazu genutzt, Unzufriedenheiten auszutragen. In diesem Fall wird es mit der Durchsetzung etwaiger Herausgabeansprüche etwas schwieriger: Es bleibt letztlich nur der Klageweg. Hier ist nicht von der Hand zu weisen, dass es dabei in der Regel zu erheblichen Beweisschwierigkeiten, vor allem auf betrieblicher Seite, kommt. Der Unternehmer hat oftmals nämlich keinen Überblick darüber, über welche Kontaktdaten der Mitarbeiter verfügt und ob diese im Rahmen der arbeitsvertraglichen Tätigkeitspflicht akquiriert und verwaltet wurden.

Hilfreich wäre an dieser Stelle ein Auskunftsanspruch des Unternehmers gegen seinen ehemaligen Arbeitnehmer. Die Rechtsprechung hat bisher jedoch noch zugunsten der Beschäftigten entschieden und eine Beweispflicht gänzlich dem Arbeitnehmer auferlegt. Dieser muss also darlegen und beweisen, dass es sich um einen unternehmerischen Account handelt. Auch hier gilt also sprichwörtlich: Recht haben und Recht bekommen sind zwei verschiedene Dinge. Es ist daher ratsam, einen Rechtsanwalt mit ins Boot zu holen, der die Erfolgsaussichten einer Klage gegen den Arbeitnehmer beurteilen kann. Unter Umständen kann auch schon die Einschaltung eines Rechtsanwalts den ehemaligen Arbeitgeber dazu bewegen, die Zugangsdaten herauszugeben.

5 Haftung

Wenn Sie an dieser Stelle angekommen sind, dann haben Sie sicherlich eines verstanden: Rechtsverstöße lauern an jeder Ecke. Schneller als man denkt kann man Täter oder auch Opfer von Persönlichkeits-, Urheberrechts- und/oder Wettbewerbsverstößen werden. Während bei einer Persönlichkeitsrechtsverletzung aufgrund einer Aussage in der Regel das Bürgerliche Gesetzbuch (BGB) Anwendung findet, gibt es bei Persönlichkeitsrechtsverletzungen die im Zusammenhang mit Ablichtungen des Verletzten stehen, neben den allgemeinen Regelungen noch Sondervorschriften im KUG. Verletzungen, die das Urheberrecht berühren, werden grundsätzlich nach dem Urheberrechtsgesetz geahndet. Hier finden sich spezielle Anspruchsgrundlagen, wie z. B. auf Unterlassung und Schadensersatz in § 97 UrhG. Ebenso finden sich spezielle Vorschriften im Gesetz gegen den unlauteren Wettbewerb (§§ 8-10 UWG), die die rechtlichen Möglichkeiten bei Rechtsverletzungen regeln.

Als Anspruchsgegner kommt zum einen der Nutzer, der die rechtsverletzende Handlung vorgenommen hat, in Betracht. Also beispielsweise die Person, die ohne Zustimmung des Urhebers dessen Bild in einem sozialen Netzwerk veröffentlicht hat oder unbedacht eine ehrverletzende Äußerung abgegeben hat. Zum anderen könnte man aber auch an den Portalbetreiber denken, der den zur Veröffentlichung genutzten Social Media Dienst unterhält.

5.1 Haftung für eigene Inhalte

Die Haftung für eigene Inhalte richtet sich nach den allgemeinen Vorschriften (§ 7 Abs. 1 TMG). So haftet der Nutzer eines sozialen Netzwerks für die von ihm hochgeladenen Inhalte sowie seine Kommentare und Postings. Das bedeutet, wer selbst Inhalte veröffentlicht, kann sich danach nicht auf eine Haftungsprivilegierung berufen. Es kommt also nicht darauf an, auf welchem Server die Information gespeichert ist, sondern vielmehr darauf, von wem die Information stammt.

Für den Betreiber eines sozialen Netzwerks sind die Inhalte der Nutzer dagegen in der Regel keine eigenen, sondern fremde Inhalte, für die er auch unter gewissen Voraussetzungen haftet (▸*Kapitel 5.2*).

Wenn man gegen den Nutzer vorgehen möchte, der einen rechtswidrigen Beitrag veröffentlicht hat, so kommen zunächst Ansprüche auf Unterlassung, Beseitigung und Schadensersatz in Betracht. Die gesetzliche Grundlage hierfür richtet sich nach der Art des Rechtsverstoßes. Dem entsprechend sind Normen aus speziellen Gesetzen, wie z. B. § 97 UrhG oder § 8 UWG anzuwenden oder aber auf die allgemeinen Regelungen des BGB anzuwenden (z. B. § 823 Abs. 1 ggf. in Verbindung mit § 1004 BGB). Welche Ansprüche der Betroffene in seinem konkreten Fall nun geltend machen kann, wird der beauftragte Rechtsanwalt nach Prüfung des Sachverhaltes darlegen und erläutern.

Bei der Geltendmachung von Ansprüchen gegen den Nutzer besteht – wie bereits erwähnt – häufig das Problem, dass sich dessen Identität nicht feststellen lässt. Dies kann zum einen daran liegen, dass kein Klarname verwendet wurde, der Nutzer also unter einem Pseudonym, falschem oder unvollständigen Namen aufgetreten ist. Zum anderen ist es in der Praxis selbst bei vorhandenem Klarnamen schwierig bis unmöglich, den Nutzer ausfindig zu machen. Gerade bei häufig existierenden Namen gleicht dies der Suche einer Nadel im Heuhaufen.

Der naheliegenste Gedanke in dieser Konstellation ist, die persönlichen Daten des Nutzers beim Portalbetreiber anzufordern. Allerdings wird es hier an einem gesetzlichen Anspruch fehlen. Die Anonymität des Nutzers wird durch das TMG geschützt. § 13 Abs. 4 Satz 1 TMG normiert nämlich, dass ein Dienstanbieter die Nutzung von Telemedien anonym oder unter Pseudonym zu ermöglichen hat, soweit dies technisch möglich und zumutbar ist. Dies wird auch von der Rechtsprechung durchweg so bestätigt. Der BGH (Urt. v. 23.6.2009, VI ZR 196/08) vertritt sogar die Rechtsauffassung, dass dem Portalbetreiber die Herausgabe von persönlichen Daten an Nutzer aufgrund datenschutzrechtlicher Bestimmungen rechtlich nicht möglich ist.

In besonders gravierenden Fällen, in denen die Aussage sogar einen Straftatbestand wie beispielsweise eine Beleidigung oder eine Bedrohung erfüllt, kann der Betroffene diese natürlich auch strafrechtlich verfolgen lassen. Hier ist ein in der Regel entsprechender Strafantrag des Betroffenen erforderlich, damit die Strafverfolgungsbehörden tätig werden. Diese ermitteln dann von Amts wegen. Der Betroffene hat im Rahmen des Verfahrens das Recht auf Akteneinsicht, wodurch er letztlich auf diesem Wege die Daten des Nutzers erlangen und seine zivilrechtlichen Ansprüche geltend machen kann.

5.1.1 Zu-eigen-gemachte Inhalte

Ein Dritter haftet für fremde Inhalte nach Auffassung der Rechtsprechung nur dann, wenn er sich diese „zu-eigen-macht". Nun stellt sich die Frage, wann eine solche Zueigenmachung anzunehmen ist. Um herauszufinden, ob eine Zueigenmachung vorliegt, ist nach Ansicht der Rechtsprechung eine objektive Sicht auf der Grundlage einer Gesamtbetrachtung aller relevanten Umstände nötig. Wesentlich sei nämlich, ob der durchschnittlich verständige Nutzer den Eindruck gewinnen muss, dass sich der Betreiber der Seite dergestalt mit der Information identifiziert, dass diese als eigene erscheint. Der Klick auf den „Gefällt mir"-Button reicht dazu jedoch nicht aus. Anders sieht es hingegen aus, wenn ein Dritter beispielsweise auf der Plattform Facebook einen fremden Inhalt mit einem „Gefällt mir" versieht, und in seinem Netzwerk mit einer positiven Bewertung weiterverbreitet.

Es gibt jedoch Fälle, in denen die Beiträge der Nutzer dem Portalbetreiber zugerechnet werden, weil er sich diese – eigentlich fremden – Inhalte „zu-eigen-macht".

Dabei gibt es mehrere Möglichkeiten, wie sich der Portalbetreiber einen Inhalt zu-eigen-machen kann. Zum einen kann dies durch eine bestimmte redaktionelle Einbeziehung des Beitrags erfolgen, oder wenn beispielsweise auf zur Verfügung gestellten Bewertungsplattformen der Betreiber die Bewertungsmöglichkeiten derart einschränkt und geradezu in eine bestimmte Richtung drängt, so dass Rechtsverletzungen geradezu provoziert werden. Zum anderen kann ein zu-eigen-machen vorliegen, wenn der Post nicht unmittelbar freigeschaltet wird, sondern vom Betreiber vorab nochmal kontrolliert wird und er sich beispielsweise Nutzungsrechte an den Beiträgen einräumen lässt. Auch die inhaltliche Strukturierung eines Forums kann für ein „zu-eigen-machen" fremder Inhalte durch den Betreiber sprechen. Ein zu-eigen-machen ist jedoch dann ausgeschlossen, wenn der Dritte den Inhalt mit ausreichender Deutlichkeit als fremd kennzeichnet.

Beispiel: **Urheberrechtsverletzung durch Risotto-Foto**

Der Betreiber der Kochrezepte-Webseite „Chefkoch“ wurde von den Urhebern verschiedener Fotografien wegen Urheberrechtsverletzung in Anspruch genommen. Der Grund: Nutzer des Portals hatten Kochrezepte hochgeladen und mit Bildern versehen, die sie nicht selbst gemacht, sondern von einer anderen Internetseite übernommen haben (BGH, Urt. v. 12.11.2009, I ZR 166/07). Unter anderem dieses Foto war streitgegenständlich:

Der BGH entschied, dass der Betreiber der Seite Chefkoch für diese urheberrechtsverletzenden Fotos der Nutzer haftet. Chefkoch habe sich nämlich die Kochrezepte der Nutzer zu eigen gemacht, da die Rezepte vor Freischaltung von Chefkoch kontrolliert wurden. Zudem wurden die Rezepte auch mit einem „Kochmützen-Emblem“ versehen, was nach Ansicht der Richter ebenfalls dafür spricht, dass Chefkoch sich die Rezepte zu eigen macht. Somit haftete Chefkoch für die Urheberrechtsverletzungen, die durch die Nutzer begangen worden sind.

5.2 Haftung für fremde Inhalte

Aufgrund der Anonymität im Internet ist es nicht immer möglich, den unmittelbaren Rechtsverletzer ausfindig zu machen und gegen diesen vorzugehen. Aus diesem Grund stellt sich oft die Frage, unter welchen Voraussetzungen der Verletzte gegen den Betreiber des sozialen Netzwerks vorgehen kann. Der Portalbetreiber unterhält ein Telemedium im Sinne des Telemediengesetzes (TMG). Dieses wird in der Regel Usern zur Verfügung gestellt, so dass auch sie Inhalte im Rahmen des Telemediums posten können. Hat der User wiederum ein eigenes Social Media Profil, so stellt dies ein eigenständiges Telemedium innerhalb des Social Media Netzwerkes dar. Grundsätzlich sind Beiträge auf dem Profil des Nutzers daher für den Betreiber der Plattform fremd. Unter Umständen könnte der Plattformbetreiber dennoch in Anspruch genommen werden, wenn ihm die Rechtsverletzung durch den User zugerechnet werden kann (▸*Kapitel 5.2.1*).

5.2.1 User-generated-Content

Das Problem, für fremde Inhalte zu haften, kann vor allem in den Social Media Bereichen eine Rolle spielen, bei denen die Nutzer innerhalb einer Plattform wiederum eigene Accounts besitzen, auf denen Bilder und Kommentare gepostet werden können. Die User sind also für den Inhalt grundsätzlich selbst verantwortlich und stellen diesen maßgeblich bereit (sog. user-generated-content). Wenn also z. B. einer Dritter einen Beitrag auf einem Facebook-Profil veröffentlicht, so haftet der Inhaber des Profils als Störer, auch wenn er den Post nicht selbst veröffentlicht hat.

Die Störerhaftung gilt jedoch nur für den Beseitigungs- und Unterlassungsanspruch des Betroffenen, nicht hingegen für den Schadensersatzanspruch. Danach haftet nach der Rechtsprechung derjenige, der – ohne Täter oder Teilnehmer der Rechtsverletzung zu sein – „willentlich und adäquat kausal" zur Rechtsgutsverletzung beiträgt. Soweit es um Unterlassungsansprüche geht, kann sich der Plattformbetreiber nach ständiger BGH-Rechtsprechung nicht auf die Haftungsprivilegierung des § 10 TMG berufen.

Nach § 7 Abs. 2 Satz 1 TMG ist der Diensteanbieter jedoch nicht verpflichtet, aktiv nach Rechtsverletzungen zu suchen. Daraus folgern die meisten Gerichte, dass die Störerhaftung in der Regel erst nach Kenntnis der Rechtsverletzung eintreten kann. Denn die Haftung Dritter, die nicht selbst die Rechtsverletzung begangen haben, soll nicht zu weit ausgedehnt werden. Daher wird die Störerhaftung durch Zumutbarkeitserwägungen eingegrenzt. Danach setzt die Störerhaftung voraus, dass der Portalbetreiber Kenntnis von der Rechtsverletzung hatte und daraufhin nicht unverzüglich Maßnahmen ergriffen hat, um die Rechtsverletzung zu beenden. Das bedeutet, wenn der Portalbetreiber einen Hinweis auf eine Rechtsverletzung erhält, ist er verpflichtet, dem innerhalb der gesetzten Frist nachzugehen. Wenn diese Prüfung ergibt, dass tatsächlich eine Rechtsverletzung vorliegt, ist der Portalbetreiber zur Beseitigung der Rechtsverletzung verpflichtet. Es ist ihm jedoch nicht zuzumuten, eine Vorab-Kontrolle aller Beiträge durchzuführen. Wenn der Portalbetreiber auf die Mitteilung einer Rechtsverletzung nicht fristgemäß reagiert und den beanstandeten Beitrag nicht löscht, kann er als Störer in Anspruch genommen werden. Wird der betroffene Beitrag dagegen gelöscht, bestehen gegen den Portalbetreiber keine weiteren Ansprüche.

Dieses Verfahren wird als „notice and take-down Verfahren" bezeichnet. Der Plattformbetreiber wird über eine Rechtsverletzung in Kenntnis gesetzt (*notice*) und zur Beseitigung des streitgegenständlichen Inhaltes aufgefordert (*take-down*). Nach der Rechtsprechung muss der Hinweis dabei so konkret gefasst sein, dass der Rechtsverstoß auf der Grundlage der Behauptungen des Betroffenen unschwer – das heißt ohne eingehende rechtliche und tatsächliche Überprüfung – bejaht werden kann. Bestehen Zweifel an der Richtigkeit der Mitteilung, so können diese dem Betroffenen innerhalb der Frist mitgeteilt und es kann um Nachweis der Rechtsinhaberschaft gebeten werden. Reagiert dieser darauf nicht mehr, so besteht für den Plattformbetreiber keine Löschungspflicht. Stellt der Verfasser die Berechtigung der Beanstandung substantiiert in Abrede, ist der Provider grundsätzlich gehalten, dem Betroffenen dies mitzuteilen und ggf. Nachweise zu verlangen, aus denen sich die behauptete Rechtsverletzung ergibt. Der Plattformbetreiber darf sich danach nicht damit begnügen, die Angaben des Verfassers für bare Münze zu nehmen. Er muss vielmehr umfangreichere Maßnahmen zur Ermittlung des Sachverhalts vornehmen. Hierzu gehört auch das Anfordern von Nachweisen für die Berechtigung der Äußerung.

Die Anforderungen an die Betreiber sozialer Netzwerke sind dabei in der Vergangenheit mit Inkrafttreten des Netzwerkdurchsetzungsgesetzes (NetzDG) deutlich gestiegen. Danach müssen Betreiber sozialer Netzwerke „offensichtlich rechtswidrige Inhalte innerhalb von 24 Stunden“ nach Eingang einer Beschwerde löschen oder sperren, § 3 Abs. 2 Nr. 2 NetzDG. Andernfalls droht ein Bußgeld von bis zu 5 Millionen Euro. Auch auf europäischer Ebene sind mit Art. 17 DSM-Richtlinie die Regelungen für die Haftung von Plattform-Betreibern neu geordnet worden.

5.3 Haftung für Links

Neben dem Posten von Kommentaren und Bildern ist auch das Setzen von Links eine der typische Äußerungsform in sozialen Netzwerken. Zunächst ist vorab zu klären, was alles unter den bekannten Begriff „Link“ fällt. Denn hier gibt es durchaus Unterschiede, die sich auf die rechtliche Bewertung auswirken. Das Setzen von Hyperlinks sowie Deep-Links stellt in der Regel keine Urheberrechtsverletzung dar. Die urheberrechtlich geschützten Inhalte der verlinkten Seite werden nämlich durch die Linksetzung weder vervielfältigt, noch öffentlich zugänglich gemacht.

Schwieriger zu beurteilen ist die Haftung für den Inhalt der verlinkten Seite. Hierbei ist auf die Grundsätze der Haftung für eigene Inhalte zurückzugreifen: Eine Inanspruchnahme kann jedenfalls dann bejaht werden, wenn Sie sich den Inhalt des Links zu eigen gemacht haben. Davon ist immer dann auszugehen, wenn der Linksetzende den hinter dem Link stehenden rechtswidrigen Inhalt zur Kenntnis genommen und seine Weiterverbreitung gefördert hat.

Beispiel: Ein Twitter-Nutzer, der einen Link mit dem Kommentar „sehr interessant“ auf seinem Twitter-Account postet, macht sich den Inhalt der verlinkten Seite zu eigen (LG Frankfurt/M., Beschl. v. 20.04.2010, 3-08 O 46/10). Er haftet daher für den verlinkten Inhalt in gleichem Maß, wie wenn er ihn selbst veröffentlicht hätte.

Liegt keine Zueigenmachung vor und handelt es sich damit klar um einen fremden Inhalt, so gelten auch im Rahmen der Link-Setzung die bereits erläuterten Haftungsregelungen und das notice-and-takedown-Verfahren.

Wann der Linksetzende im konkreten Einzelfall nun als Störer für einen rechtsverletzenden Inhalt auf der verlinkten Seite haftet, ist nach wie vor nicht abschließend geklärt. Auch hier wird es darauf ankommen, inwieweit dem als Störer in Anspruch genommenen eine Prüfung zuzumuten ist. Der Umfang der Prüfungspflicht richtet sich insbesondere nach dem Gesamtzusammenhang, in dem der Link verwendet wird, dem Zweck der Linksetzung, der Kenntnis von Umständen, die auf eine Rechtswidrigkeit hindeuten, sowie der Erkennbarkeit der Rechtsverletzung. Der Linksetzende haftet daher jedenfalls dann als Störer, wenn der Rechtsverstoß offensichtlich ist. Von der Verletzung einer zumutbaren Prüfungspflicht ist außerdem dann auszugehen, wenn der Linksetzende auf eine Aufforderung des Verletzten, den betroffenen Link zu löschen, nicht reagiert.

Im Bereich der elektronischen Presse kann das Setzen eines Links auf einen urheberrechtsverletzenden Inhalt ausnahmsweise durch die Meinungs- oder Pressefreiheit gerechtfertigt sein, wenn der Link als Informationsquelle oder Beleg der Aussage des Beitrags dient.

5.4 Framing

Äußerst problematisch ist die Frage, wann der Nutzer für das Einbetten (sog. Embedding) eines urheberrechtsverletzenden Videos auf seiner Seite, z. B. seinem Facebook-Profil, haftet. Hierbei ist einerseits die urheberrechtliche Relevanz des Einbettens an sich, andererseits die Verantwortlichkeit des Nutzers unter dem Gesichtspunkt der Linkhaftung entscheidend.

Unter Juristen war es jahrelang umstritten, ob das Einbinden urheberrechtlich geschützter Inhalte auf anderen Webseiten eine Urheberrechtsverletzung darstellt. Nach einer Vielzahl von nationalen Gerichtsentscheidungen war der EuGH an der Reihe und hat in dem Verfahren „BestWater" (EuGH, GRUR 2014, 1196 ff.) eine klare Entscheidung zugunsten der Freiheit des Internets getroffen: Das Einbinden von YouTube-Videos stellt keine Urheberrechtsverletzung dar. Die Entscheidung erlaubt es, alle Inhalte, die einmal im Netz öffentlich zugänglich gemacht worden sind, im Wege des Framings auf anderen Internetseiten einzubinden. In der Konsequenz können fremde Inhalte auf der eigenen Internetseite auch ohne eine Lizenz des Urhebers eingebunden, sofern diese Bilder weiterhin an der Ursprungsquelle liegen und nicht kopiert werden. Dies gilt lediglich dann nicht, wenn der Betreiber einer Website technische Schutzmaßnahmen gegen Verlinkungen unternimmt und diese umgangen werden.

Haftungsrechtlich weiterhin problematisch bleiben jedoch weiterhin die Fälle, in denen der eingebette Inhalt ohne Einwilligung des Rechteinhabers auf einem sozialen Netzwerk hochgeladen wurde. In diesen Fällen kommt unter dem Gesichtspunkt der Linkhaftung jedoch eine Verantwortlichkeit des Einbettenden als (Mit-)Störer in Betracht. Auch dazu haben sich die Gerichte bereits geäußert: Mit Blick auf die Schöner-Wetten-Entscheidung des BGH (MMR 2004, 529 – Schöner Wetten) und das GS Media-Urteil des EuGH (GRUR 2016, 1152 ff.) kommt es hierbei u. a. auf die Kenntnis der Rechtswidrigkeit des fremden Inhalts an. Danach haftet der Verlinkende zunächst dann, wenn er die Rechtswidrigkeit kannte oder kennen musste. Letzteres sei nach Ansicht der europäischen Richter regelmäßig der Fall, wenn der Link mit Gewinnerzielungsabsicht gesetzt wurde und der Verlinkende vorher nicht geprüft habe, ob das verlinkte Werk rechtmäßig online war oder nicht. Das sei aber nicht das einzige Kriterium, das für eine Nachforschungspflicht im Einzelfall relevant sei. Im Anschluss an dieses Urteil stellte sich also die Frage, wann genau von einer Linksetzung „mit Gewinnerzielungsabsicht" auszugehen ist, welche weiteren Kriterien bei dieser Entscheidung relevant sind und in welchem Umfang Nachprüfungspflichten für den Linksetzenden bestehen.

Das LG Hamburg (GRUR-RR 2017, 216 ff.) entschied daraufhin streng, dass eine Nachforschungspflicht hinsichtlich aller Verlinkungenf auf einer Seite schon dann bestehe, wenn nur der eigene Internetauftritt überhaupt mit Gewinnerzielungsabsicht betrieben werde. Diese Auslegung verwarf das Gericht jedoch wieder in einem anderen Verfahren, in welchem es zu dem Schluss kam, dass eine solche Nachforschung für Webseiten je nach Geschäftsmodell unzumutbar sein könnte, wenn etwa der zeitliche, wirtschaftliche oder inhaltliche Aufwand zu groß wäre. Zudem müssten neben der Gewinnerzielungsabsicht noch andere Kriterien berücksichtigt werden – z. B. die Erfolgsaussichten einer solchen Prüfung oder ob der Verlinkende einen besonderen Vertrauenstatbestand setzt, nach dem Besucher seiner Seite etwa erwarten könnten, er habe Recherchen zur Rechtmäßigkeit der verlinkten Wiedergaben vorgenommen. Am Ende müsse in einer Gesamtschau aller Kriterien im Einzelfall geprüft werden, ob eine Nachforschungspflicht zumutbar ist oder nicht. Ob sich auch andere Gerichte dieser Rechtsauffassung anschließen werden, bleibt abzuwarten.

Die zuvor dargestellte Rechtslage gilt jedoch nur für urheberrechtsverletzende Inhalte und nicht für persönlichkeitsrechtsverletzende Inhalte. Auch können die Grundsätze nicht auf persönlichkeitsrechtsverletzende Inhalte wie herabwürdigende Fotos oder diffamierende Aussagen übertragen werden. Hier kommt es weiterhin auf die bereits erläuterten Grundsätze der Haftung für zu Eigen gemachte Inhalte an.

Zwar könnte man nun leicht auf die Idee kommen, bereits vorhandenes Material zu nehmen und ein eigenes Video herzustellen, das dann auf der Homepage o. ä. veröffentlicht wird. Hier ist jedoch Vorsicht geboten! Auch an einzelnen Ausschnitten des Videos bestehen Rechte, die grundsätzlich nicht erlöschen, wenn man sie zu einem neuen Video verarbeitet. Auch dann würde also eine Urheberrechtsverletzung vorliegen, die rechtlich verfolgt werden kann.

5.5 Disclaimer

Immer wieder finden sich im Social Web sog. Disclaimer. Der in der Praxis am häufigsten anzutreffende Disclaimer ist der Verweis auf ein Urteil des Landgerichts Hamburg aus dem Jahr 1998.

Beispiel: **Disclaimer**

„Mit Urteil vom 12. Mai 1998 hat das Landgericht Hamburg entschieden, dass man durch die Anbringung eines Links die Inhalte der gelinkten Seiten gegebenenfalls mit zu verantworten hat. Dies kann nur dadurch verhindert werden, dass man sich ausdrücklich von diesem Inhalt distanziert. Für alle Links auf dieser Homepage gilt: Ich distanziere mich hiermit ausdrücklich von allen Inhalten aller gelinkten Seiten auf meiner Homepage und mache diese Inhalte nicht zu eigen."

Plattformbetreiber versuchen sich der Haftung für Links zu entziehen, indem Sie vorab im Rahmen des Disclaimers erklären, dass sie sich von den Inhalten der Links distanzieren. Dies hat in der Praxis allerdings wenig Erfolg. Ein bloßer allgemeiner, oberflächlicher Haftungsausschluss mit einer pauschalisierten Distanzierung zu sämtlichen Inhalten wird von den Gerichten als nicht wirksamer Haftungsausschluss betrachtet. Wenn man sich von verlinkten Inhalten distanzieren möchte, dann muss dies in einzelfallbezogener Form erfolgen. Pauschale Disclaimer, die auf sehr vielen Webseiten zu finden sind, sind daher überflüssig.

Beispiel: *„Dieser Artikel spiegelt nicht meine eigene Meinung wider. Ich distanziere mich von der Aussage, dass ..."*

6 Vorgehen

Trotz aller Vorsicht kann es passieren, dass es zu einer Rechtsverletzung kommt und der Betroffene sich mit anwaltlicher Unterstützung dagegen zur Wehr setzt. Ebenso ist durchaus denkbar, dass jemand fälschlicher Weise von einer Rechtsgutverletzung ausgeht und diese dennoch geltend macht.

Für Betroffene gibt es verschiedene Möglichkeiten, seine Ansprüche bei einer Rechtsverletzung geltend zu machen. Zunächst kann es durchaus üblich sein, dass sich der Betroffene außergerichtlich an den potenziellen Rechtsverletzer wendet. Dabei könnte er ihn persönlich auf die streitgegenständliche Äußerung oder die potentielle Urheberrechtsverletzung aufmerksam machen oder einen Rechtsanwalt damit beauftragen. Der Rechtsanwalt wiederum kann ein anwaltliches Schreiben aufsetzen, indem er zunächst auf die Rechtsverletzung hinweist und um eine schnelle Klärung der Angelegenheit bittet. Üblicherweise erfolgt eine außergerichtliche Klärung jedoch durch eine Abmahnung. Desweiteren ist auch nicht ausgeschlossen, dass direkt der Weg zu den Gerichten gewählt wird und ein einstweiliges Verfügungsverfahren als Eilrechtsschutz oder eine Klage anhängig gemacht werden.

Sollte Ihnen ein anwaltliches oder gerichtliches Schreiben zugehen, so ist ein schnelles Handeln geboten. In diesem Fall sollte schnellst möglich ein Rechtsanwalt aufgesucht werden, damit etwaige Fristen eingehalten und das weitere Vorgehen geplant werden können.

6.1 Abmahnung

6.1.1 Zweck und Inhalt

Ist jemand der Ansicht, dass er beispielsweise durch eine bestimmte Äußerung oder die Verwendung von Fotos etc. in seinen Rechten verletzt ist, so wird er sich in der Regel anwaltlich beraten lassen. Der Rechtsanwalt wird üblicherweise vorschlagen, denjenigen, der den streitgegenständlichen Inhalt veröffentlicht hat, bzw. den Plattformbetreiber auf die Rechtsverletzung hinzuweisen und zur Unterlassung/Beseitigung aufzufordern. Dies erfolgt dann in einer sog. Abmahnung.

Eine Abmahnung beinhaltet in der Regel eine Sachverhaltsdarstellung, welche die Beschreibung der Rechtsverletzung enthält und in der der Anspruch begründet wird. In der Regel werden in einer Abmahnung Unterlassungs- und Schadensersatzansprüche geltend gemacht; teilweise auch Auskunftsansprüche. Zur Erfüllung des Unterlassungsanspruchs wird meistens eine vorformulierte Unterlassungserklärung mit übersandt, die der Abgemahnte unterzeichnet zurückschicken soll.

Die Abmahnung ist keine Voraussetzung für die Einreichung einer Klage. Sie hat jedoch aus Sicht des Abmahnenden zwei entscheidende Vorteile. Zum einen ist eine außergerichtliche und schnellere Klärung als bei einem Gerichtsverfahren möglich. Zum anderen dient die Abmahnung auch der Vermeidung der Kostentragungspflicht in einem eventuellen späteren Gerichtsverfahren. Der Abgemahnte kann in einem späteren Verfahren nämlich nicht mehr den Anspruch einfach anerkennen mit der Folge, dass der Abmahnende die Kosten tragen müsste (§ 93 ZPO).

6.1.2 Wer trägt die Kosten der Abmahnung?

Für die Erstellung der Abmahnung entstehen natürlich auch Rechtsanwaltskosten. Diese trägt zunächst der Abmahnende, da er den Rechtsanwalt beauftragt hat. Wenn die Abmahnung jedoch berechtigt war, hat der Abmahnende gegen den Abgemahnten einen Anspruch auf Erstattung der angefallenen Rechtsanwaltskosten. Dieser Regelung liegt der Gedanke zugrunde, dass es im Interesse des Abgemahnten liegt, außergerichtlich auf eine Rechtsverletzung hingewiesen zu werden. Dem Abgemahnten wird es also erspart, vor Gericht verklagt zu werden. Dann soll er auch die Kosten für die Abmahnung tragen müssen.

Die Höhe dieser Kosten wird auf Basis des Streitwerts nach dem Rechtsanwaltsvergütungsgesetz berechnet.

Beispiel: Abmahnkosten bei Urheberrechtsverletzung

Bei einer Abmahnung wegen Urheberrechtsverletzung an einem Foto geht das OLG in der Regel von einem Streitwert in Höhe von 6.000 Euro pro Bild aus. Die Kosten für eine Abmahnung betragen dann 627,13 Euro inkl. MwSt.

Im Wettbewerbsrecht sind die Streitwerte regelmäßig höher. Auch hier ist jedoch eine genaue Einzelfallprüfung erforderlich. Bei mehreren Rechtsverletzungen kann nicht einfach eine Addition der Streitwerte vorgenommen werden. Zudem gibt es im Urheberrecht eine sog. Streitwertdeckelung (§ 97a Abs. 3 UrhG). Danach beträgt der Streitwert nur 1.000 Euro (Abmahnkosten 159,94 Euro inkl. MwSt.), wenn unter anderem die Urheberrechtsverletzung von einer Privatperson begangen wurde.

6.1.3 Reaktionsmöglichkeiten

Wie reagiert man nu. a. besten auf eine Abmahnung? In jedem Fall sollten Sie nach Erhalt einer Abmahnung nicht unbedacht die vorformulierte Unterlassungserklärung unterzeichnen und zurücksenden! Denn mit Unterzeichnung und dem Erhalt der unterzeichneten Erklärung durch die Gegenseite kommt ein Vertrag zustande, den Sie einzuhalten verpflichtet sind. Selbst dann, wenn Sie im Nachhinein bemerken, dass der Anspruch der Gegenseite eigentlich nicht bestand, oder zumindest der Umfang des geltend gemachten Anspruchs nicht stimmt.

Andererseits ist auch davon abzuraten, selbst eine Unterlassungserklärung zu formulieren. Eine solche Unterlassungserklärung ist nur dann wirksam, wenn sie strafbewehrt ist, also, wenn bei Verstoß eine Vertragsstrafe zu zahlen ist. Hier kommt es auf eine sehr sorgfältige Formulierung an. Die Unterlassungserklärung darf weder zu weit gefasst werden, noch zu eng.

Beispiel: Unterlassungserklärung

Unterlassungs- und Verpflichtungserklärung

Hiermit verpflichtet sich

Herr/Frau (Name und Adresse des Abgemahnten)

- im Folgenden „Unterlassungsschuldner" genannt -

gegenüber

Herr/Frau (Name und Adresse Mandant)

- im Folgenden Unterlassungsgläubiger" genannt -

es künftig bei Meldung einer für jeden fall der Zuwiederhandlung von dem Unterlassungsgläubiger zu bestimmenden angemessenen Vertragsstrafe, deren Höhe im Streitfall von dem zuständigen Gericht zu überprüfen ist,

zu unterlassen,

das nachfolgende dargestellte Lichtbild(-werk) (zutreffendes auswählen) ohne die Zustimmung des Unterlassungsgläubigers zu vervielfältigen und/oder öffentlich zugänglich zu machen bzw. vervielfältigen und/oder öffentlich zugänglich machen zu lassen:

ABBILDUNG

Ort, den

Name UNTERLASSUNGSGLÄUBIGER

Anmerkung:
Die vorliegende Unterlassungserklärung ist eher zugunsten des Abgemahnten formuliert. Sie ist also möglichst eng gefasst und enthält keine feste Vertragsstrafe.

Daher wird hier dringend empfohlen, die Abmahnung an einen Rechtsanwalt weiterzuleiten, damit dieser die Rechtslage prüfen und entsprechende Möglichkeiten zur Klärung darlegen kann.

6.2 Einstweilige Verfügung

Wenn die Abmahnung nicht den gewünschten Erfolg erzielt hat oder Eile geboten ist, ist an die gerichtliche Geltendmachung von Ansprüchen zu denken. Der schnellstmögliche Weg, Unterlassungs- und Beseitigungsansprüche durchzusetzen, stellt die einstweilige Verfügung dar. Handelt es sich um eine besonders gravierende Rechtsverletzung, die schnell aus der Welt geschafft werden muss – beispielsweise eine besonders ehrverletzende Beleidigung auf Facebook – und ist der Rechtsverletzer als Person bekannt, dann kann auch direkt im Eilrechtsschutz agiert werden. Eine Pflicht, den Rechtsverletzer erst abzumahnen, gibt es nämlich grundsätzlich nicht.

Entscheidet sich der Betroffene für das Eilverfahren, dann verfasst der Rechtsanwalt einen entsprechenden Antrag und reicht diesen beim zuständigen Gericht ein. Der geltend gemachte Anspruch muss einer sein, der nicht auf Zahlung von Geld gerichtet ist. Schadensersatzansprüche können daher nicht mittels einer einstweiligen Verfügung geltend gemacht werden, sondern Ansprüche auf Unterlassung oder Beseitigung. Die Entscheidung durch das Gericht erfolgt in der Regel innerhalb von wenigen Tagen ohne mündliche Verhandlung und ohne Beweisaufnahme. Der Anspruch muss nur „glaubhaft" gemacht werden, z. B. durch Vorlage von eidesstattlichen Versicherungen. Nur so kann gewährleistet werden, dass schneller Rechtsschutz erlangt werden kann. Eine Beweisaufnahme erfolgt erst im Rahmen des Hauptsacheverfahrens.

Der Erlass einer einstweiligen Verfügung setzt voraus, dass die Durchsetzung des Anspruchs dringlich ist. Für den Antragsgegner darf es nicht zumutbar sein, bis zu einem Urteil im Hauptsacheverfahren abzuwarten. Die Gerichte nehmen hier in der Regel eine Frist von vier Wochen ab Kenntnis des Antragstellers von der Rechtsverletzung an. Wenn also der Antragsteller, nachdem er Kenntnis von der Rechtsverletzung erlangt hat, länger als vier Wochen wartet, wird eine einstweilige Verfügung nicht mehr erlassen, weil die Angelegenheit dann nicht dringlich ist.

Natürlich stehen dem Antragsgegner der einstweiligen Verfügung auch Möglichkeiten zu, gegen diese vorzugehen. Sollte bereits eine einstweilige Verfügung ergangen sein, so gibt es noch immer Möglichkeiten, gegen diese vorzugehen. Hier kann ein Widerspruch eingelegt werden. Daraufhin wird es zu einer mündlichen Verhandlung kommen. Wenn bis dato keine anwaltliche Vertretung erfolgte, so sollte spätestens an diesem Punkt ein Rechtsanwalt hinzugezogen werden.

Sollte aufgrund bestimmter Umstände schon damit zu rechnen sein, dass eine einstweilige Verfügung erwirkt werden soll (z. B. wegen einer zuvor ergangenen Abmahnung), kann bereits im Vorfeld eine sog. Schutzschrift eingereicht werden. Diese ist jedoch keine Garantie dafür, dass die einstweilige Verfügung nicht ergeht. Hier kommt es letztlich auf eine gute, das Gericht überzeugende Argumentation an.

6.3 Klage

Neben den Möglichkeiten ein Abmahnschreiben zu versenden oder eine einstweilige Verfügung zu erwirken, kann auch der Klageweg beschritten werden. Dies wird auch als Hauptsacheverfahren bezeichnet. Einstweiliger Rechtsschutz und Hauptsacheverfahren sind dabei voneinander unabhängig. Häufig laufen beide Verfahren auch parallel.

Im Hauptsacheverfahren können Ansprüche aller Art geltend gemacht werden, also sowohl Unterlassungs- oder Beseitungsansprüche als auch Schadensersatzansprüche.

Sachlich zuständig ist in der Regel das Landgericht, weil der Streitwert (zumindest wenn auch ein Unterlassungsanspruch geltend gemacht wird) meist über 5.000 Euro liegt.

Im Hinblick auf die örtliche Zuständigkeit gilt bei Rechtsverletzungen, die im Internet begangen werden, eine Neuerung. Während früher die Klagen in der Regel bei einem beliebigen deutschen Landgericht erhoben werden konnte, wurde dieser sogenannte „fliegende Gerichtsstand" für Wettbewerbsverstöße, die über das Internet oder andere Telemedien begangen werden, mit dem am am 02. Dezember 2020 in Kraft getretenen Abmahnschutz-Gesetz abgeschafft. Die Neuregelung beschränkt die gerichtliche Zuständigkeit nunmehr örtlich auf den Bezirk, in dem der angeblich gegen die Regeln Verstoßende seinen Allgemeinen Gerichtsstand hat, also zum Beispiel seinen Wohnsitz. Auf diese Weise wird der Rechtsverletzer vor der in der Vergangenheit üblichen Praxis geschützt, dass die Klagen bewusst vor den Gerichten erhoben wurden, wo die Kläger sich die höchsten Erfolgsaussichten erhofft haben. Eine entsprechende Regelung hatte der Gesetzgeber einige Jahre zuvor auch schon für Abmahnungen nach dem Urheberrecht normiert.

6.4 Geltendmachung eigener Ansprüche

Sollten Sie selbst in die Situation kommen, dass Ihre Rechte verletzt wurden, bzw. die Ihres Unternehmens betroffen sind, sollten Sie einen Rechtsanwalt aufsuchen, um die sinnvollste rechtliche Vorgehensweise zu ermitteln. Hier geht es zunächst darum, zu ermitteln, welches Ziel verfolgt wird, z. B. Zahlung von Schadensersatz, Aufklärung eines unklaren Sachverhalts oder Unterlassung der Rechtsverletzung. In der anwaltlichen Beratung wird dann geprüft, ob Ansprüche bestehen und wie hoch die Erfolgsaussichten einer gerichtlichen oder außergerichtlichen Durchsetzung sind.

Keinesfalls sollten Sie hier „ins Blaue schießen" und einfach mal selbst versuchen ein Abmahnschreiben aufzusetzen oder einen Antrag für den Erlass einer einstweiligen Verfügung zu stellen. Gerade bei der Abmahnung besteht die Gefahr, dass sie aufgrund einer Ungenauigkeit in der Unterlassungserklärung unwirksam ist. Ein gerichtliches Vorgehen ist ohne Rechtsanwalt ggf. nicht möglich, da bei einem Streitwert ab 5.000 Euro das Verfahren vor dem Landgericht anhängig zu machen ist. Bei Verfahren vor dem Landgericht ist gesetzlich vorgesehen, dass die Parteien anwaltlich vertreten sein müssen (§ 78 ZPO).

Darüber hinaus kann ein Rechtsanwalt auch Auskunft darüber geben, welche Beweismittel für ein gerichtliches Verfahren erforderlich sind. Wenn ein Rechtsverstoß im Internet festgestellt wird, bietet es sich häufig an, Screenshots des Verstoßes anzufertigen.

Ein besonderes Augenmerk muss auch auf die Fristen gelegt werden. Insbesondere ist der Antrag auf Erlass einer einstweiligen Verfügung innerhalb von vier Wochen nach Entdeckung der Rechtsverletzung beim zuständigen Gericht zu stellen.

Auch in einer Abmahnung muss dem Gegner eine angemessene Frist zur Beseitigung der Rechtsverletzung, Unterzeichnung und Rücksendung der strafbewährten Unterlassungserklärung gesetzt werden. In der Regel genügt hier aufgrund der Dringlichkeit der Angelegenheit aber bereits eine Frist von einigen Tagen.

Vor Geltendmachung eigener Ansprüche ist es daher ratsam, sich anwaltlich beraten zu lassen. Nur so kann die optimale Durchsetzungsmöglichkeit gewählt und das Verfahren mit Erfolg geführt werden.

7 Fazit und Ausblick

So alltäglich wie die Nutzung sozialer Netzwerke im Alltag von Privaten und Unternehmen so natürlich ist auch der Umstand, dass diese Praxis das Gesetz und auch die Rechtsprechung immer wieder vor Herausforderungen stellt. Auch wenn die breite Masse bereits so weitr sensibilisiert ist, dass das Internet kein rechtsfreier Raum ist, bedeutet dies noch lange nicht, dass jeder weiß, wie er sich dort rechtskonform zu verhalten hat. Zu facettenreich sind die sozialen Netzwerke und ihre Nutzungsmöglichkeiten. Auch gibt es hier nach wie vor noch einige offene Rechtsfragen. Soch guter Rat ist nicht teuer, wie Ihnen die vorherige Lektüre hoffentlich gezeigt hat. Investiert man ein bisschen Zeit in die juristischen Grundlagen, stellt man schnell fest, dass viele Aspekte und Grundsätze sich wiederholen. Man erlangt schnell ein Gefühl dafür, welche Formen der Nutzung sozialer Netzwerke riskant sind und wo Zurückhaltung geboten ist. Insbesondere sollten sich die Nutzer sozialer Netzwerke bewusst machen, dass dort die gleichen rechtlichen Regeln zu beachten sind, wie im Internet allgemein sowie in der Offline-Welt. Dies gilt sowohl für die Social Media-Nutzung zu privaten Zwecken als auch für die Nutzung durch Unternehmen.

Viele noch offene Fragestellungen, die hier relevant sind, werden in der juristischen Fachliteratur aktuell intensiv diskutiert und einschlägige Rechtsprechung wird häufig mit Spannung erwartet. Bis dahin bietet dieses Buch einen Einblick in die Grundlagen des „Social Media Recht“ und die darin häufig auftretenden Problemstellungen.

Wenn die hier dargestellten rechtlichen Anforderungen beachtet werden, kann das Risiko einer Inanspruchnahme durch Dritte deutlich reduziert werden. Sollte es doch einmal dazu kommen, dass eine juristische Auseinandersetzung droht, empfiehlt es sich, einen entsprechend qualifizierten Anwalt mit der rechtlichen Vertretung zu beauftragen.

Die Entwicklung des Rechtsbereichs „Social Media Recht“ ist noch lange nicht abgeschlossen. Immer wieder tauchen neue Fallgestaltungen auf, bei denen die Rechtslage unklar ist oder noch nicht von den Gerichten entschieden wurden. Schließlich kommen auch immer wieder neue soziale Netzwerke mit unterschiedlichen Nutzungsformen hinzu. Es bleibt also spannend! Wenn Sie sich auf dem Laufenden halten möchten, dann werfen Sie doch ab und zu einen Blick in den Blog *www.wbs-law.de* oder den YouTube-Kanal *www.wbs-law.tv* – viel Erfolg!

Jnsere Buchtipps

Ratgeber zum Thema Social Media

oziale Netzwerke wie Instagram, Facebook und Twitter boomen owohl im privaten als auch im geschäftlichen Bereich.

:rfahren Sie im Buch „Der digitale Nachlass" nehr zu den Themen:

- Was passiert mit den Accounts und Daten des Erblassers
- Online-Verträge und kostenpflichtige Mitgliedschaften

esen Sie im Buch „Influencer – Jetzt folgt dir uch das Finanzamt":

- Welche Steuerarten kommen in Frage
- Unternehmerische Pflichten
- Einnahmen und deren steuerliche Behandlung

Der digitale Nachlass
ISBN Print:
978-3-96276-018-2

ISBN E-Book:
978-3-96276-019-9
19,99 Euro (brutto)

Influencer – Jetzt folgt dir auch das Finanzamt
ISBN Print:
978-3-96276-055-7

ISBN E-Book:
978-3-96276-056-4
19,99 Euro (brutto)

Neugierig auf mehr?
DATEV-Bücher finden Sie unter **www.datev.de/buch** und bei unseren Kooperationspartnern **www.schweitzer-online.de** und **www.sack.de/datev-buch**.

Übrigens: Sie können unsere Bücher auch im Buchhandel vor Ort oder online erwerben.

Notizen

Notizen

Notizen

Notizen